TÁ NO AR
A TV NA TV

PROGRAMA 20	PROGRAMA 21	PROGRAMA 22
CRÍTICAS	TOP - EINSTEIN	TOP PRAIAS
ANHA RUSSA NEWS	PGM.- BALADA- PRESIDIO TONY	CANAL INT.- TV CUBANA
CANAL PORT/ SPOILERss	ZAPEADA - FÓRMULA ÍNDIO	COMERCIAL CLUB SOCIALISTA + NÃO COMPRE CARRO
. - QUARTETO FANÁTICO	JORN – SURREAL - PEPE MUSICA	ZAP. BARR BÍBLIA - FÁTIMA
- 89 TAXI	COM. - MICHAEL DUBLÉ	CART. CLASS. - BR BILU
	. - GALINHA MUÇULMA	PGM. JARD. URG - CACHORRO
JARD. URG - PRAÇA CADEIA	RUN. - COMERCIAL ERRADO 1	ZAP - CRIME HORREDO
POLÍTICO QUE DISTRAI	CART. CLAS. - DENGUE	COM. - DESODORANTE 72 HRS
CLASS. - PONTO-CRUZ		CHAM. REALITY GAZA BONITA
- O QUE TEM NA CAIXA 1	ZAP - TALKSHOW IMITADOR SE	RUN. - REPÓRTER DESLOCADA 1
DA		ZAPEADA
P. CSTA - ÍNDIO casamento		CART. CLASS. MANGA
ADA	AUD. – SÍLVIO SONGS	PGM - HOMELESS CHANNEL CAT
- TALKSHOW SINCERO COMEDIANTE	ZAP - NAVE ESPACIAL	COM. MAL PRESENTE
CADA	RUN. - COMERCIAL ERRADO	ZAP. OST ESCOLHA DO TIME SE
- BETO CARTEIRO	CHAM. - VULTOS DA HISTÓRIA	RUN. REPÓRTER DESLOCADA 2
ADA	CART. CLASS. - CHORO PENALTI	ZAP. TALKSHOW
- O QUE TEM NA CAIXA 2		COM. - CHURRASCARIA 1 ESTRELA
DA		ZAP. BANHEIRA DE ESPUMA
	ZAP - CASOS DE BRASÍLIA	PGM. - POUCOS SABEM – LILIA
DA COMO ELA É 2 WI-FI	RUN. - COMERCIAL ERRADO 3	ZAP. DOAÇÃO EM BRIGADEIRO
C. INT. SE ÍNDIO NÃO SABE	ZAPEADA	RUN. - O QUE TEM NA CAIXA 5
- PROPINOCARD	JORN. - MIMÍCO CORDA BAMBA	CART. INT- CAVAQUINHA
- SÍLVIO SONGS	BREAK	CANAL INT. - COREIA TV.
. - SURREAL - ANGELO MERKEL		BURGUER + BURGUER KIM JONG UM + COM. COREIA DO NORTE
M. - CANAL VIVA UM DRAMA	ZAP. COM CENSURA - PGM	AUD. - SÍLVIO SONGS
ADA	CART. INT. - ED MOTTA CANTA	COM. – BABÁ ELEDRÔNICA
- O QUE TEM NA CAIXA 3	RUN. - COMERCIAL ERRADO 4	CHAM. - MOTOQUEIROS HEMORR.
BREAK	JORN. - SURREAL - ISIS STARBUCKS	COM - RED BÍBLIA
- O QUE TEM NA CAIXA 4	COM. - ALBUM FIGURANTES	NOV. - PAIXÕES ADITIVADAS
JLARES 1	POPULARES 2	MÚS. – CURTIDA (MEAS) PAI TUAIS LULU
- O QUE É, O QUE É	MÚS. - SPOILER	PGM. - PAPO CHATO - LIMPADOR AQUA
		BREAK
		PGM.- VIDA COMO ELA É 1 EXIBIDA
		RUN. - REPÓRTER DESLOCADA 3
		POPULARES 3
		MÚS. – ERRA PM
	JORN. - SURREAL - LACTOSE	
MAGIC FILA WORD	JORN. - SURREAL - ROMERO BRITTO	
ANIV. BAÍA GUANABARA	JORN. - SURREAL - Frauleinhos TAMPA DO IOGURTE	
BOLO ANAMARIA BRAGA	JORN. - SURREAL - CORPO DESFIGURADO	JORN. – SURREAL - SURIMINAS
CEREAL SUCRISTOS	CAMPANHA PRAIA DE NUDISMO	JORN. – SURREAL - ZAPAMA TIMBLO 3
SMART TV	COM.- DICIONÁRIO CUNHA	JORN. - COZINHA RESTAURANTE
- INSTASUN	COM. - BIOTÔNICO ARY FONT.	JORN. - SURREAL -
- IMAGEM E UNÇÃO	COM. – IFOME	JORN. - JORNAL DOS CRÉDITOS
QUALQUER BANK JUROS	COMERCIAL - EU TOMO	JORN. - TE CURTIU NEWS

TÁ NO

PROGRAMA 23

P - FANTASIAS
M. - CIDADE INVERSA
AP - JORNAL SEPARATISTAS
OM. - CAFÉ ESPRESSO 2222
OM. - CLASSICOS P/ COLORIR
IAM. - REZE GLOBO
AP. - SURUBA JOGADOR
N. -SOTAQUES DE AÇORES 1
P - POR ONDE ANDA
V. - ~~PÁGS. DA ÍNDIA~~ EP CLONE BEBE
M. - JALECO BRANCO
M - BONECA BOMBADINHA
JS. – FANTASMA DA OBRA
P - SPOILER ESPETACULAR
N. -SOTAQUES DE AÇORES 2
AM. - DR. HOUSE OF CARDS
M. - BONDE CAR
M - GATITAS
PEADA - LOJA 199,99
T. CLASS. - GLÚTEN
.- VIDA COMO ELA É 3 CURTIA
. -SOTAQUES DE AÇORES 3
N. - SURREAL - Papa no Trio
I. - LEITE MILICO
. - SÍLVIO SONGS
. - POUCOS SABEM – DOMINGOS
BREAK
AL INT. - MG TV
UBE DA ESQUINA + MASTERCHEF
. -SOTAQUES DE AÇORES 4
ULARES 4
– SAMBA CARREGADOR

TOP PIORES INVENÇÕES
PGM. - GAME PITOMBO MÚSICA
ZAP - COZINHA MAFIOSA
COM. - MANTEIGA BOÇAL
COM. - LU DOMINADORA
AUD. - SÍLVIO SONGS
JORN. - SURREAL -
RUN. - FILME DISFARCES 1
COM - ROMA/GLAD. COMBATE
RUN. - FILME DISFARCES 2
CART. INT. - WILLIAM WACK
RUN. - FILME DISFARCES 3
CART. CLAS. - DEBAIXO D'ÁGUA
JORNAL IMPRECISO SE
ZAP - ALTAR DE IGREJA
PGM. - ~~WALKING~~ DRAG PEOPLE
Z[redacted]A CLAS GREGO
PGM. SE ASSEMBLEIA DE ATEUS 2
COM. - CAMPANHA PROBLEMA SEU
CHAM. - CANAL SEXY HO DOG
CHAM. - ESPORTE ESPE UL R
JORN. - SURREAL -
PGM - TONHO DE LU
[redacted] CAIXA
CANAL INT - TV LU A
MATÉRIA PAU DE DRONE
BREAK
PGM. - BALADA VIP - CRIADOS RICOS
POPULARES 5
MUS. - CLIPE MUSICAL EMOJI

TOP FC
JORN. - GLOOB N
ZAP - TECLADO 1
COM - MATA MOS
COM. - FLOP
JORN - SURREAL -
RUN - Brasileirao
ZAP- CASAGRAN
P[redacted] DANTO
COM. - COMANDO
COM. - DEMORAR
~~NOV. - PÁ~~ MONIC
RUN - Brasileirao
CHAM. - CANAL NO
~~NOV. - PÁ~~ CENA IZ
RUN - Brasileirao
COM. - ACTIVISTA
COM. - CERVEJA B
[redacted] CAIX
PG . - TELECINE
JOR . - SURREAL -
ZAP - CASOS DE
F M - CIDADE INV
BREA
JORN. - S RREAL -
CARTE. CLASS - BL
PGM. - PAPO CHAT
POPULARES 6
MÚS. – AXÉ BUDIST

AR,

– HOMELESS CHANNEL – ~~FÉRIAS~~ LIVROS
- VÍDEOS AMAZING PER. 1
- POL. BRAS. ROUBO GASOLINA
PAPO CHATO - FUMACÊ
BALADA VIP - AVIÃO
POUCOS SABEM - XORORÓ
TELECURSO ARGENTINA
FÚTIL TV
TV IRAQUE GAME SHOW

PGM. – PAPAGAIOS DUBLADORES
PGM. - TV FAMA DA DITADURA
PGM. – POUCOS SABEM – TONY
PGM. – POUCOS SABEM - CID
PGM. - ASSEM ATEUS SESS. CARREGO
PGM. - TALK SHOW SINCERO - CANTOR 80
PGM. - GAME PITOMBO -
PGM - FALABELLA VÍDEO SHOW
PGM. – HOMELESS CHANNEL - SNACK

CHAM. - TORCIDAS AFINADAS
CHAM. – CABELEREIROS E PELADOS
CHAM. - EXTREMA UNÇÃO
CHAM. - ACUMULADOR MULH.
CHAM. - NOVELA OSCARS
CHAM. – BAKING BAD
CHAM. - POLÍCIA VAIDOSA
ZAP - MILLIONAIRE CHANNEL
ZAP - FREUD TÉCNICO VE
NOV. - PÁGS. DA ÍNDIA CAP.CURTO
AUD. - ED MOTTA
NOV. - PÁGS DA ÍNDIA BISTRÔ JURA
NOV. - PÁGS. DA ÍNDIA RASPAGEM

LIVRO

TÁ NO AR,

PROJETO DE
ALEXANDRE PIMENTA, ANGÉLICA LOPES,
DANIELA OCAMPO, LEONARDO LANNA,
MARCELO ADNET, MARCIUS MELHEM, MAURICIO FARIAS,
MAURÍCIO RIZZO, THIAGO GADELHA E WAGNER PINTO

ORGANIZAÇÃO DE
ALEXANDRE PIMENTA
E MARCELO MARTINEZ

LIVRO, DONA REDE GLOBO? A Vênus Platinada agora transforma seus programetes em livros? Que história contará nas páginas a seguir? Fale sobre julho de 1969, quando os americanos usaram seus estúdios para gravar a chegada do homem à lua! Cena esta muito mal dirigida, assim como suas novelas, que vivem a ganhar prêmios onde? Onde? Nos Estados Unidos! Até Copa do Mundo na terra do Tio Sam ganhamos. "É tetra, é tetra!" Já não há como esconder tantas evidências deste conluio reptiliano que inclui a NASA e Dona Rede Globo, em projeto secreto mantido na Área 51 que, não à toa, é utilizado como hangar de manutenção de seu helicóptero, o Globocop.

Quantas árvores serão derrubadas para fazer isto que chamas de livro? Quantos índios e quilombolas serão removidos para que suas florestas virem estas páginas preenchidas de autoelogios? Como se já não bastassem os milhares de hectares que desmata para distribuir o script de tuas indigestas novelas para seu elenco. Estes autores e atores são tão egocêntricos que fizeram um livro cheio de fotografias. Não tem palavra! Não tem texto! Para piorar, este achincalhe literário é publicado por uma editora chamada LeYa, com ípsilon! Está escrito errado, americanizado! Lembrando que esta famigerada editora publicou no Brasil as "Crônicas do Gelo e do Fogo" que inspiraram a série "Game of Thrones". É esta mensagem que queres passar? Que o reinado dos Marinho vai perdurar por todo o sempre? Que o inverno na cultura brasileira está chegando? Nem a Editora Globo quis publicar esta troça pseudoliterária. Seria melhor se isto fosse um livro para colorir. Pelo menos, eu poderia rabiscar suas páginas, assim como rabiscas nossa inteligência. Este livro inaugura uma nova era na literatura. A Idade das Trevas do Trocadilhismo, do Piadoquismo, do Desrespeitismo. Queres chegar à ABL, Rede Globo? Já não basta ter telespectadores, agora quer invadir as livrarias? Carlos Drummond de Andrade deve estar se revirando no túmulo com esta blasfêmia literária. Qual a próxima heresia, Dona Rede Globo? Um livro sobre a novela Malhação com prefácio de um personal trainer? Queremos literatura de cordel, queremos saraus de poesia no lugar do Big Brother. Eu me recuso a ler este arremedo de escritores com sobrenomes estrangeiros como Melhem e Adnet. Como diria mestre Ariano Suassuna: "Eu não troco o meu oxente pelo ok de ninguém." Tu jamais vais parar meu mimeógrafo! Em cada exemplar, eu estamparei minha denúncia! Você, que me lê agora, LARGUE ESTE LIVRO IMEDIATAMENTE e vá dançar um jongo antes que seja tarde.

BUROCRACY CHANNEL	CASOS DE Brasília
SURUBA ENTRE AMIGOS	Fatos de Família
TOP CHEF XINGU	DST CHANNEL

<***
Mauricio Farias e elenco, em janeiro de 2015, na coletiva de lançamento da terceira temporada.

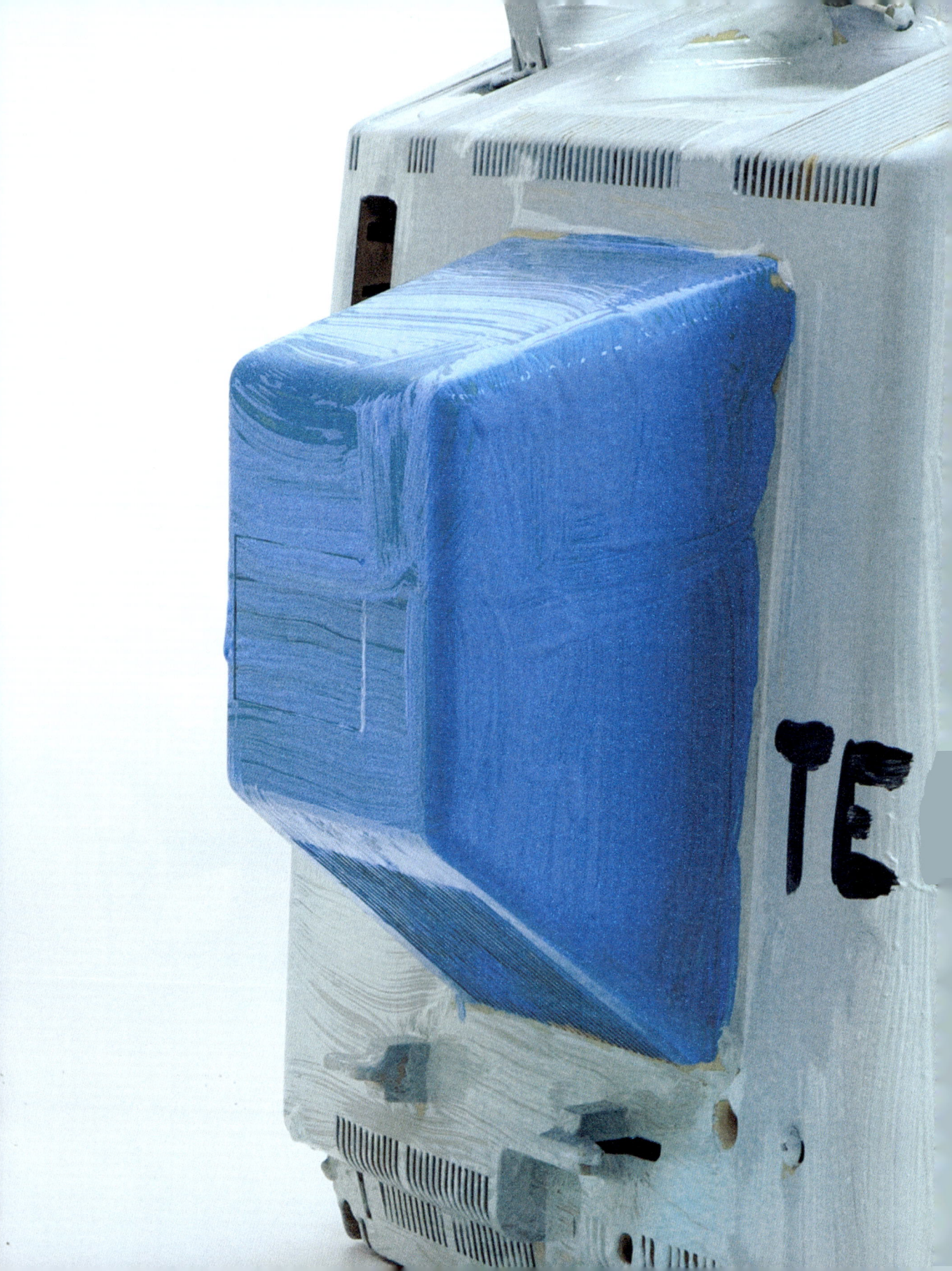

"INTERROMPEMOS NOSSA PROGRAMAÇÃO PARA DIZER QUE TRABALHAMOS NA GLOBO, MAS NÃO CONCORDAMOS COM TUDO QUE ELA FAZ." O aviso em tom sério é uma das interrupções que marcaram as aberturas do *Tá no Ar – A TV na TV*, que busca desde o primeiro episódio manter-se fiel ao seu objetivo: fazer rir e provocar reflexões sobre a sociedade falando do universo da televisão.

***
A PARCERIA
A reunião entre os humoristas Marcius Melhem e Marcelo Adnet e o diretor Mauricio Farias formou o tripé de sustentação para a gênese de um programa crítico e dinâmico, que mistura diversas influências audiovisuais.

A redação do novo projeto começou com Melhem, Adnet e a roteirista Daniela Ocampo. Para Melhem, era evidente que Adnet deveria ter uma atração que fosse feita e pensada por ele, com liberdade para explorar seus talentos. O comediante esperava a chance de fazer um trabalho autoral desde que assinou contrato com a Globo, no início de 2013. Os dois queriam um diretor que participasse do processo de criação, e chegaram ao nome de Farias, diretor de núcleo da TV Globo que esteve à frente de humorísticos de sucesso como a série *Junto & Misturado* – com redação final de Bruno Mazzeo, que aliás participou dos primeiros encontros do grupo.

Nascia naquele momento um modelo de parceria horizontal, até então pouco comum no Brasil, em que autores, diretores e produtores contribuem em todas as etapas do trabalho. A partir desse encontro, Melhem, Adnet e Farias, que separadamente vinham experimentando formas de refrescar o humor na TV, puderam unir suas vozes, recrutar seus colaboradores e construir o *Tá no Ar*.

***
MARCIUS MELHEM
é formado em jornalismo e trabalhou durante 15 anos com cobertura econômica. No teatro fez dezenas de peças como *Enfim, nós*, *O submarino*, *Nós na fita*, entre outras. Em 2004, iniciou sua carreira na TV como ator e roteirista do antigo *Zorra Total*. Com o sucesso, ele e o amigo Leandro Hassum ganharam o próprio programa, *Os Caras de Pau*. No cinema fez o filme *Os Caras de Pau e o misterioso roubo do anel*.

***
MARCELO ADNET
começou sua carreira artística no teatro com destaque para o espetáculo *Z.É. – Zenas Emprovisadas*. No cinema fez filmes como *Podecrer!*, *A mulher invisível*, *Os penetras* e *Muita calma nessa hora 2*. Na televisão participou das séries *Mandrake*, do canal HBO, e *Cilada*, do canal Multishow. Em 2008, estreou na MTV com o programa *15 Minutos*. Depois fez *Furfles*, *Comédia MTV*, *Adnet Viaja*, entre outros. Na Globo fez o seriado *O Dentista Mascarado* e, em 2016, estreou o *Adnight*, um talk show comandado por ele.

***> Adnet e Melhem nos bastidores da gravação do musical na "MTVíndio".

***> Marcius e Adnet durante a gravação do "Portugal TV", exibido na terceira temporada.

<***

Farias conversa com Danton Mello e Renata Gaspar durante a gravação do comercial da "Clínica Psiquiátrica Doutor Periassu", exibido no terceiro episódio da segunda temporada.

***

MAURICIO FARIAS é diretor com extensa carreira na televisão e no cinema. Na TV dirigiu minisséries e novelas como *Tenda dos Milagres*, *Noivas de Copacabana*, *A Viagem*, *Quatro por Quatro*, *Hilda Furacão* e *Pecado Capital*. Coordenou por dez anos um clássico do humor, o seriado *A Grande Família*. Também esteve à frente das séries *Aline*, *Junto & Misturado*, *A Mulher do Prefeito*, *Tapas e Beijos* e *Mister Brau*. No cinema dirigiu os filmes *O Coronel e o Lobisomem*, *A Grande Família*, *Verônica* e *Vai que Dá Certo 1* e *2*.

***
FORMANDO A REDAÇÃO

Um programa de humor carrega em sua identidade o conhecimento, a experiência e a sensibilidade dos colaboradores. Um momento crucial na concepção de um projeto é a escolha da equipe. Montar um time de autores significava, em primeiro lugar, encontrar talentos disponíveis no mercado. Dentro da TV Globo, a maioria dos colaboradores com o perfil estava alocada em outros projetos. Por isso, os autores do *Tá no Ar* foram pinçados um a um: Alexandre Pimenta escrevia para o *Caldeirão do Huck*; Angélica Lopes era autora do antigo *Zorra Total*; Daniela Ocampo escreveu *Os Caras de Pau*; Leonardo Lanna veio do *Encontro com Fátima Bernardes*; Maurício Rizzo era um dos colaboradores de *A Grande Família*; Thiago Gadelha dirigia séries e acabara de retornar ao Brasil; Wagner Pinto fazia um humorístico esportivo no rádio; e Allan Sieber, que participou de parte da primeira temporada, é cartunista. O plano era reunir profissionais com trajetórias diferentes e montar uma equipe com experiência em vários estilos televisivos. Uma redação heterogênea, além de ampliar o conhecimento do grupo, faz da própria equipe a primeira plateia do esquete, o primeiro teste para uma cena.

***>
Os atores e roteiristas Rizzo e Melhem, fazendo dupla jornada, durante as gravações da novela "Força de uma Conexão", exibida na quarta temporada.

***
O CONCEITO DO *TÁ NO AR*
A nossa TV passou por uma verdadeira revolução nos últimos anos. Há cerca de três décadas, o país contava com cinco ou seis redes abertas. Hoje, a quantidade de produções é tamanha que existem canais para cada segmento – jornalismo, esportes, filmes, séries, desenhos, reality shows, lutas, história, ciências –, tudo a um botão do seu controle remoto. Além de estar em todos os lugares – nos celulares, tablets, computadores, carros e na internet –, ver TV não significa mais ficar sentado no sofá ou em frente ao aparelho de forma passiva. Hoje participamos da programação interagindo e comentando nas redes sociais. Essas transformações deram aos criadores a tranquilidade de saber que *Tá no Ar* poderia falar sobre a TV do seu tempo, com posicionamentos e referências atuais.

Outros programas também se inspiraram no universo da televisão para fazer rir. No Brasil, *Satiricon* (1973), *TV Pirata* (1988) e *Casseta & Planeta, Urgente!* (1992) foram grandes expoentes. *Chico Anysio Show* (1971) e *Viva o Gordo* (1981) também parodiaram e brincaram com a TV por meio de alguns personagens. Fora do Brasil, os britânicos do *Monty Python* e os americanos do *Saturday Night Live* também usaram a temática para fazer humor com críticas à sociedade e à indústria do entretenimento, influenciando gerações de comediantes até hoje.

Enquanto os roteiristas pensavam os primeiros esquetes, um fórum criado por Carlos Henrique Schroder – diretor-geral da TV Globo – e Manoel Martins – ex-diretor-geral de entretenimento – reunia profissionais ligados ao gênero, para debater o futuro do humor na programação. Entre eles havia a concordância de que era preciso buscar novos caminhos para a comédia. Pontos importantes como a linguagem ágil, abordagem de temas políticos e citação de marcas foram tratados. Essas decisões coincidiram com o que os criadores do *Tá no Ar* planejavam: que o telespectador visse a sua vida representada na tela. O objetivo era rir de assuntos que não estavam na pauta dos outros humorísticos, além de se reconectar com o público jovem que vinha se afastando da TV aberta.

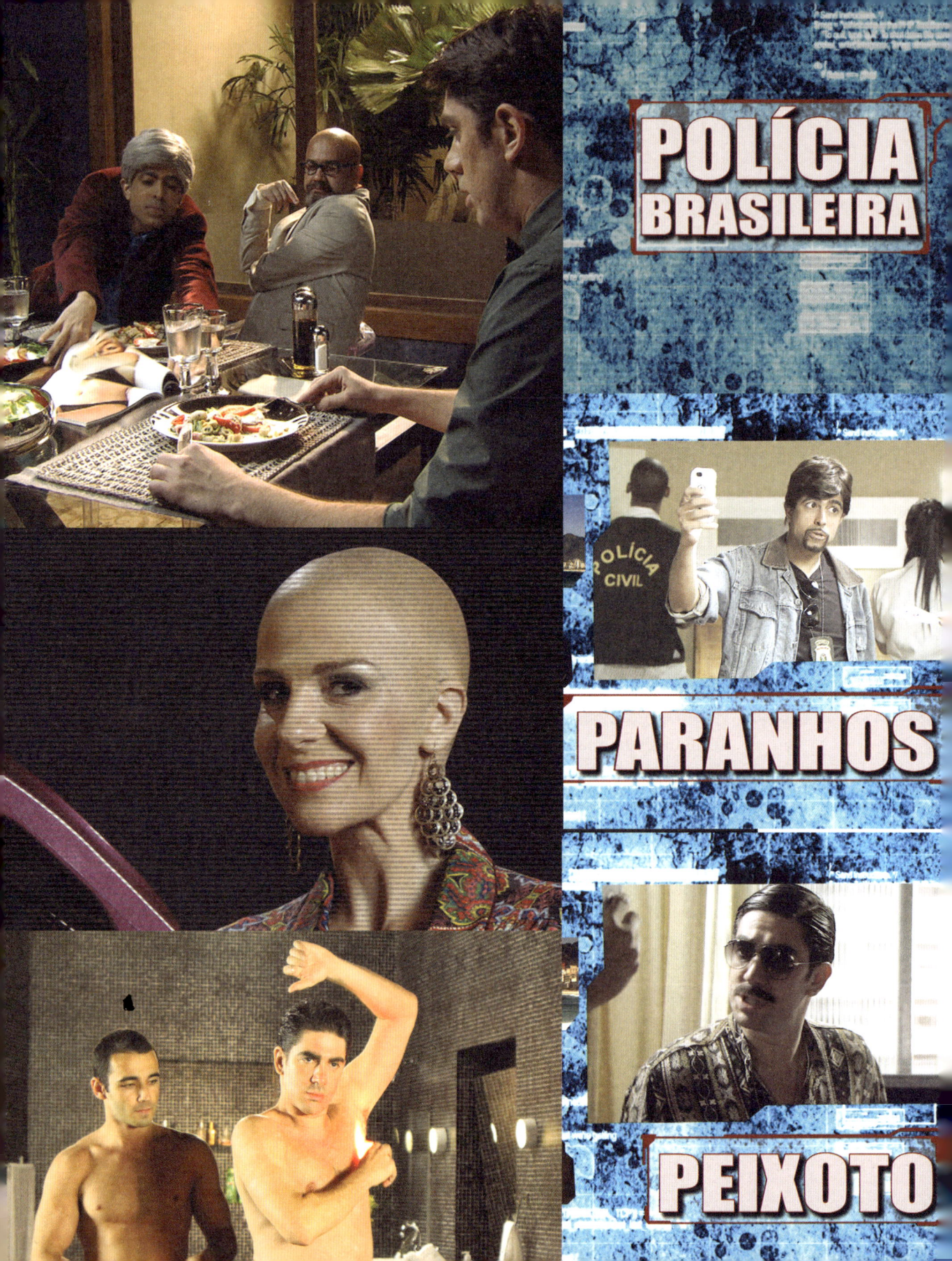

Os primeiros episódios escritos se dividiam entre a televisão e situações do cotidiano. A agilidade de linguagem da TV fazia com que as cenas que aconteciam fora da tela parecessem lentas, o que deixava o programa desequilibrado. Chegou-se à conclusão de que a TV, presente em quase todos os lares brasileiros e diversificada em formatos, era o melhor caminho para criar o projeto dinâmico que Melhem, Adnet e Farias desejavam. Além disso, uma grade de canais seria o espaço perfeito para Adnet usar todo o seu repertório. Então abandonou-se o cotidiano.

Com isso, o formato também ficou definido: a TV dentro da TV. Uma programação em que o telespectador perde o poder de mudar de canal. O zapear é controlado por outra "pessoa", navegando aleatoriamente pela variedade de atrações disponíveis. O ritmo acelerado simula a nossa frenética relação com o controle remoto, na incansável busca pelo "programa perfeito". Os esquetes são fragmentos de canais que constroem um mosaico da televisão e da nossa sociedade. Uma metalinguagem de possiblidades infinitas.

Faltava ainda um nome que resumisse o conceito. Durante as reuniões, uma das frases mais repetidas era a de que a atração falaria sobre o que está no ar, tudo o que passa na TV. Depois de levantarem uma lista de opções, chegou-se a um consenso. *Tá no Ar – A TV na TV* traduzia o espírito do projeto. A música tema ficou a cargo dos Titãs, que gravaram uma nova versão de "Televisão". Na quarta temporada, a trilha ganhou uma releitura feita por Lulu Santos. A vinheta de abertura criada pela Visorama foi toda produzida em stop motion – fotografias em sequência que criam uma animação. Os televisores e monitores utilizados foram pintados à mão e fotografados centenas de vezes, dando movimento às imagens estáticas.

***

O ELENCO

Com o conceito e o nome definidos, faltava encontrar as "apresentadoras e apresentadores", os "garotos e garotas-propaganda" que preencheriam a grade recém-nascida. O desejo era dar ao telespectador a sensação de que ele não estava assistindo apenas à Globo, e sim a vários canais diferentes. Por isso, a proposta era escalar rostos menos conhecidos do grande público. O trio de criadores garimpou atores com esse perfil pela internet, em shows de stand-up comedy, teatros, comerciais e também dentro da própria emissora.

Carol Portes despertou o interesse da equipe com suas atuações em campanhas publicitárias e suas passagens por humorísticos da TV a cabo; Danton Mello, ator que sempre transitou entre a comédia e o drama, trazia sua longa experiência na televisão; Georgiana Góes já tinha trabalhado com Farias e Adnet e estava no teatro; Luana Martau acabara de fazer parte do núcleo cômico de *Avenida Brasil* e estava com peça em cartaz; Márcio Vito, amigo de longa data de Melhem e com extensa carreira nos palcos e na TV, veio por sugestão de Farias; Maurício Rizzo, roteirista do programa e ator, entrou para o elenco após chamar a atenção por seus trabalhos de humor; Renata Gaspar era integrante de um humorístico na TV e se destacava em diversos comerciais; Veronica Debom, com passagens por novelas, fazia stand-up comedy com o grupo do *Comédia em Pé*; Welder Rodrigues, integrante da cia. Os Melhores do Mundo, amigo de Melhem e Adnet há anos, participou do antigo *Zorra Total*. Estava montado o time do *Tá no Ar*.

<***

CAROL PORTES é formada pela CAL, atuou em diversos espetáculos como *A ratoeira*, *A forma das coisas* e *Rita Lee mora ao lado*. Na TV fez parte do seriado *Adorável Psicose*, no Multishow. No cinema participou dos curtas-metragens *AMAdores*, *Pedaços* (prêmio de melhor atriz no Festival Curta Neblina 2013) e *Malu e Fred* (prêmio de melhor atriz no Festival Curta Santos 2009). Em 2016 fez os longas *Amor em Sampa* e *Desculpe o transtorno*.

***>

DANTON MELO é ator, dublador e apresentador. Estreou na televisão aos 9 anos de idade em *A Gata Comeu*. Tem em seu currículo dezenas de novelas, como *Vale Tudo*, *Tieta*, *A Viagem*, *Terra Nostra*, *Caminho das Índias* e *I Love Paraisópolis*. Participou das séries *Hilda Furacão*, *Dercy de Verdade* e *Como Aproveitar o Fim do Mundo*. Atuou também em filmes como *Vai que dá certo*, *Superpai*, *O palhaço* e *Benjamin*, entre outros.

***>

GEORGIANA GÓES é formada em teoria do teatro pela Unirio. Iniciou seus estudos n'O Tablado e foi da Cia Atores de Laura por dez anos. É fundadora do grupo Pedras e desde 2001 participou de todos os seus espetáculos. No teatro fez *Confissões de adolescente*, *Engraçadinha: Seus amores e seus pecados*, *A hora e vez de Augusto Matraga*, *Hamlet*, *Sonhos de um sedutor*; entre outros. Na TV desde 1994, destacam-se *Confissões de Adolescente*, as novelas *A Próxima Vítima*, *Vira Lata*, *O Amor Está no Ar*, *Malhação* e *Saramandaia*. Também fez as séries *Questão de Família* e *D.P.A.* No cinema fez *Corda bamba*, *Vai que dá certo*, *Casa grande*, *Doidas e santas* e *Nise – O coração da loucura*.

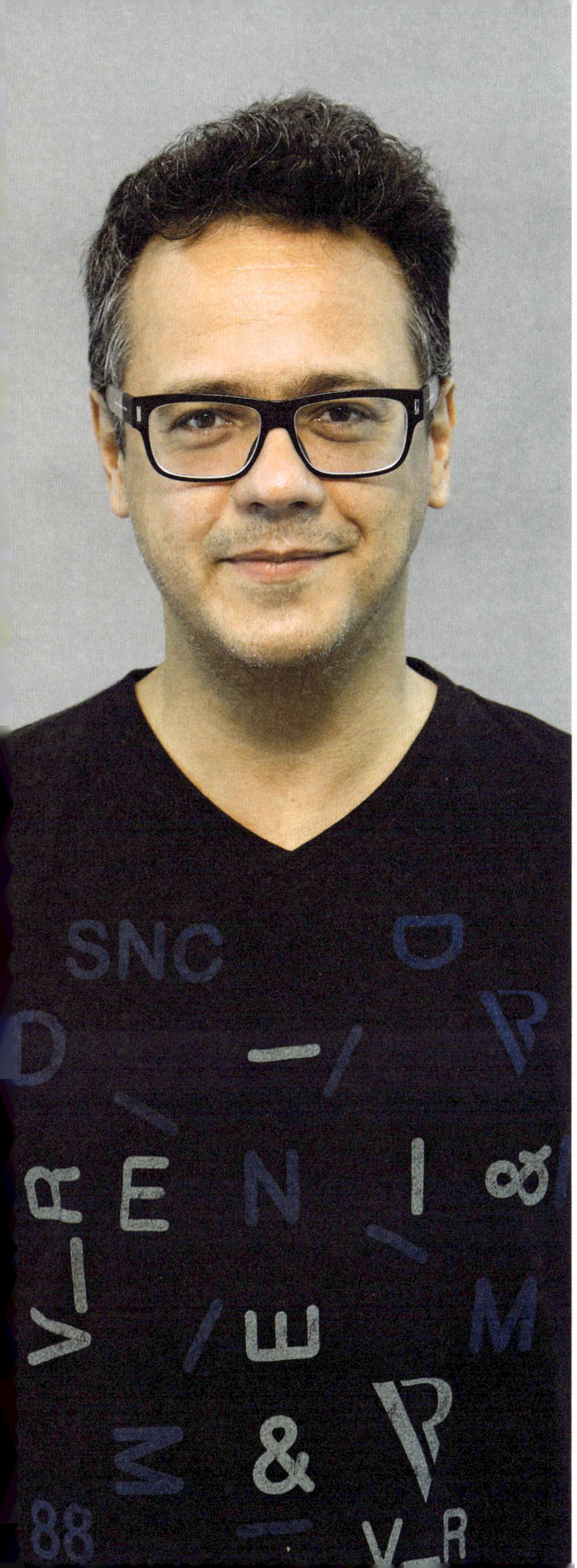

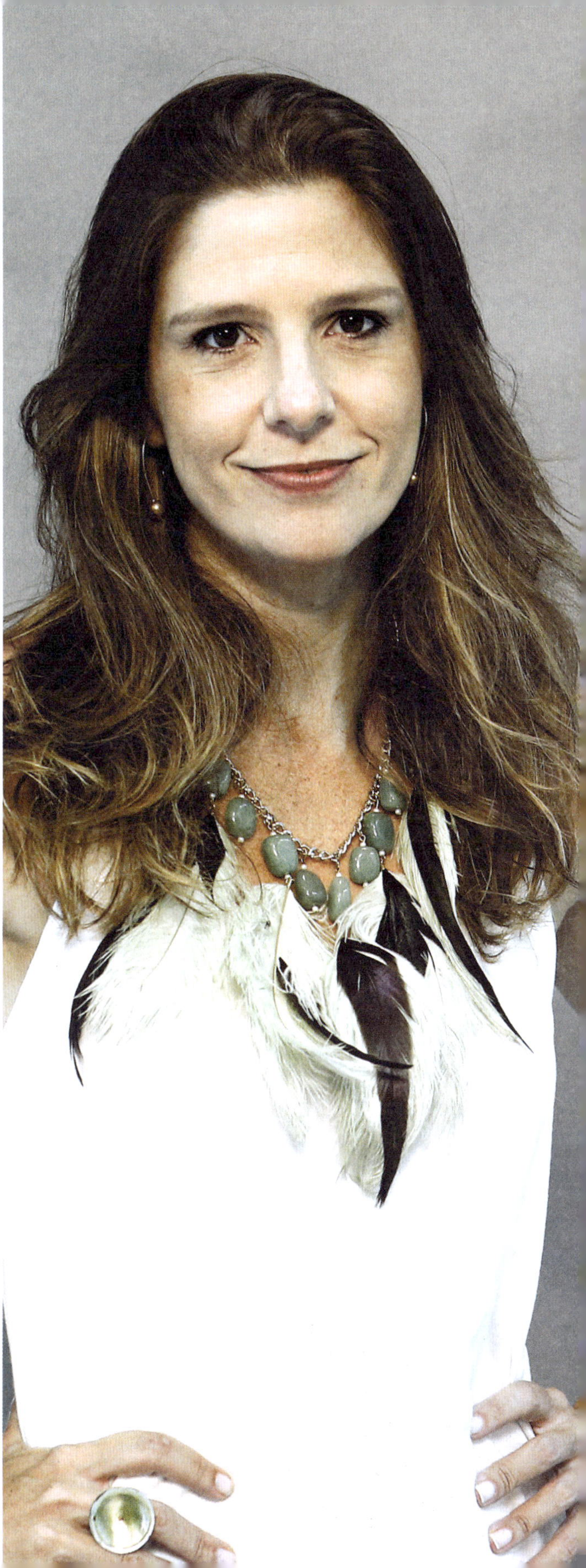

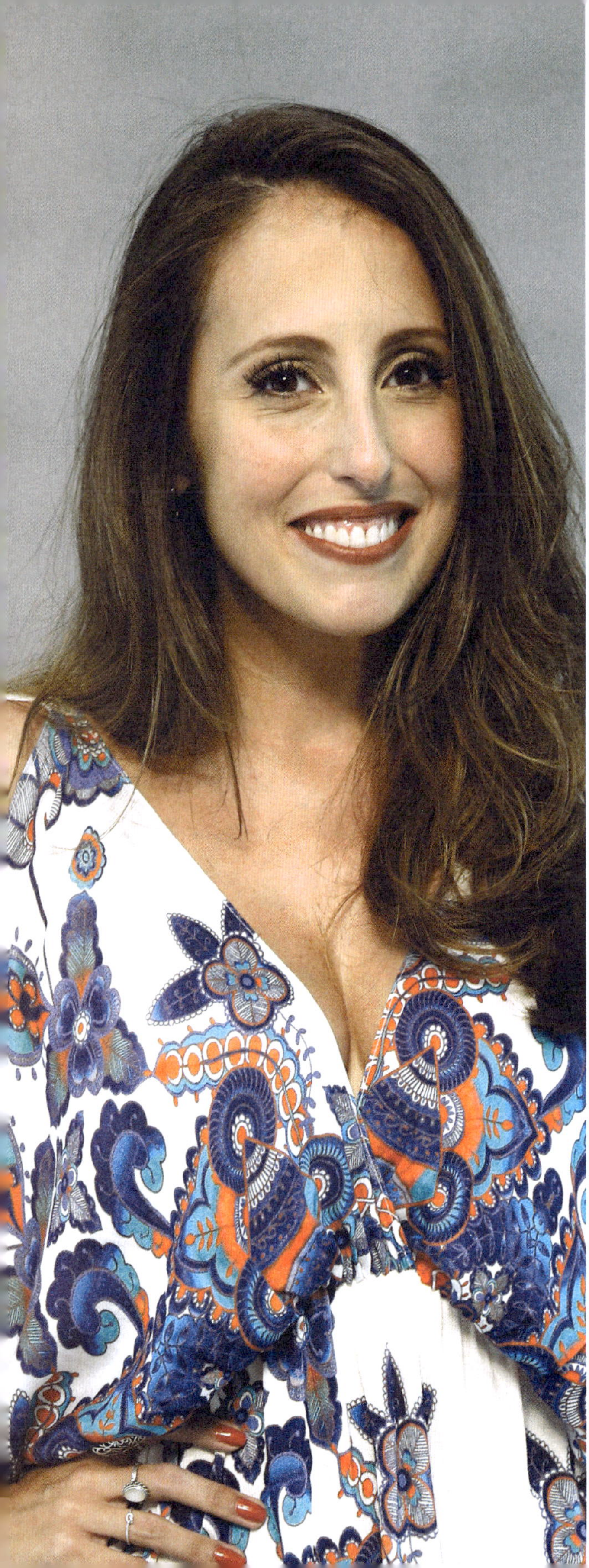
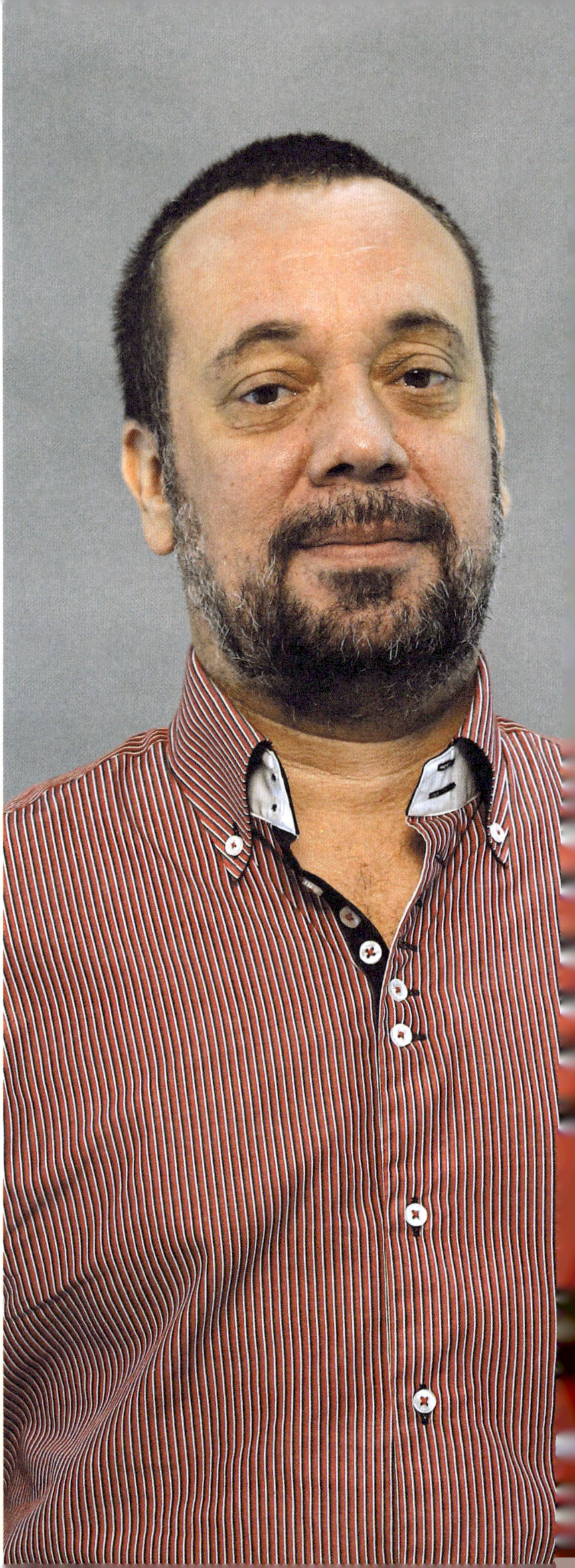

LUANA MARTAU é formada em interpretação pela CAL e em direção teatral pela UFRJ. Trabalhou com diretores como João Falcão em *Clandestinos*; Hamilton Vaz Pereira em *Oportunidade rara;* e Inez Viana em *Não vamos pagar!*. Na televisão fez diversas novelas, como *Cordel Encantado* – pela qual foi indicada ao Prêmio Extra de atriz revelação –, *Avenida Brasil*, *Joia Rara* e *I Love Paraisópolis*, além das séries *Louco por Elas* e *Clandestinos*. No cinema protagonizou o longa português *A canção de Lisboa*.

MARCIO VITO estreou na TV com a minissérie *Amazônia*, de Gloria Perez com direção de Marcos Schechtman. No cinema foi premiado por *No meu lugar* e *5x favela*, filmes exibidos na Seleção Oficial do Festival de Cannes de 2009 e 2010, respectivamente. No teatro teve atuações premiadas como no monólogo *Barão de Itararé*, sob direção de Nelson Xavier, e em *Incêndios*, com direção de Aderbal Freire-Filho. Atuou também em coproduções com a RSC, sob a direção de Fábio Ferreira e Cláudio Baltar, e com o National Theatre of Scotland, sob a direção de Renato Rocha.

MAURÍCIO RIZZO, que também é um dos roteiristas do programa, começou a atuar no teatro com a peça *TV Temas*, em cartaz de 2002 a 2005 no Rio de Janeiro. Posteriormente, o conteúdo da peça foi adaptado para o canal de humor no YouTube *TV Vai com as Outras*, onde também participou como ator. Atuou em campanhas publicitárias (Joe & Leo's e Spoleto) e fez uma participação no filme *Um homem só*, de Cláudia Jouvin.

<***

RENATA GASPAR fez a série *Descolados; Tudo o que É Sólido Pode Derreter; Saturday Night Live; No Estranho Planeta dos Seres Audiovisuais; Tosco TV* e *Chapa Quente*. No cinema recebeu o prêmio de melhor atriz no festival Mostra Língua em Portugal, com *Perto de qualquer lugar*. Em 2016 fez o longa *Amores urbanos*. No teatro fez *Uma noite de outono antes da paz; Cinema;* a ópera *Rigoletto; O abajur lilás; Diário das crianças do velho quarteirão;* e *Não nem nada*, pela qual foi indicada ao Prêmio Shell 2014 de melhor atriz.

***>

VERONICA DEBOM começou a fazer teatro no colégio aos 15 anos. Se formou em artes cênicas e passou a fazer séries, novelas e principalmente cinema. Protagonizou o longa *Astro* e fez participações em oito filmes nacionais. Na TV fez a novela *Rebeldes*, na Record, e a série *Copa Hotel*, no GNT. Antes do *Tá no Ar* foi a primeira mulher a compor o elenco do grupo de stand-up comedy *Comédia em Pé*.

***>

WELDER RODRIGUES é integrante da cia. de teatro Os Melhores do Mundo. Com o grupo fez as peças *Sexo, Os Melhores do Mundo Futebol Clube, Notícias populares* e *Hermanoteu na terra de Godah*, entre outras. Na TV foi integrante do antigo *Zorra Total*. Hoje é integrante do elenco do *Tá no Ar* e do novo *Zorra*.

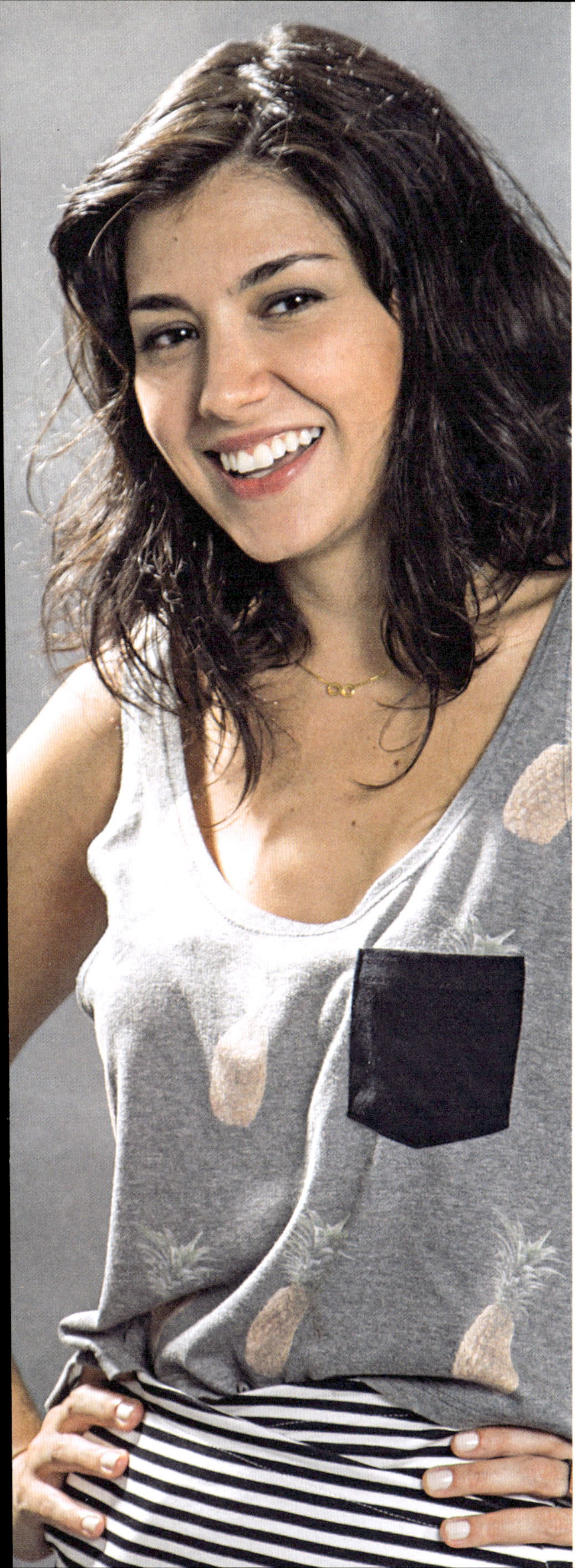
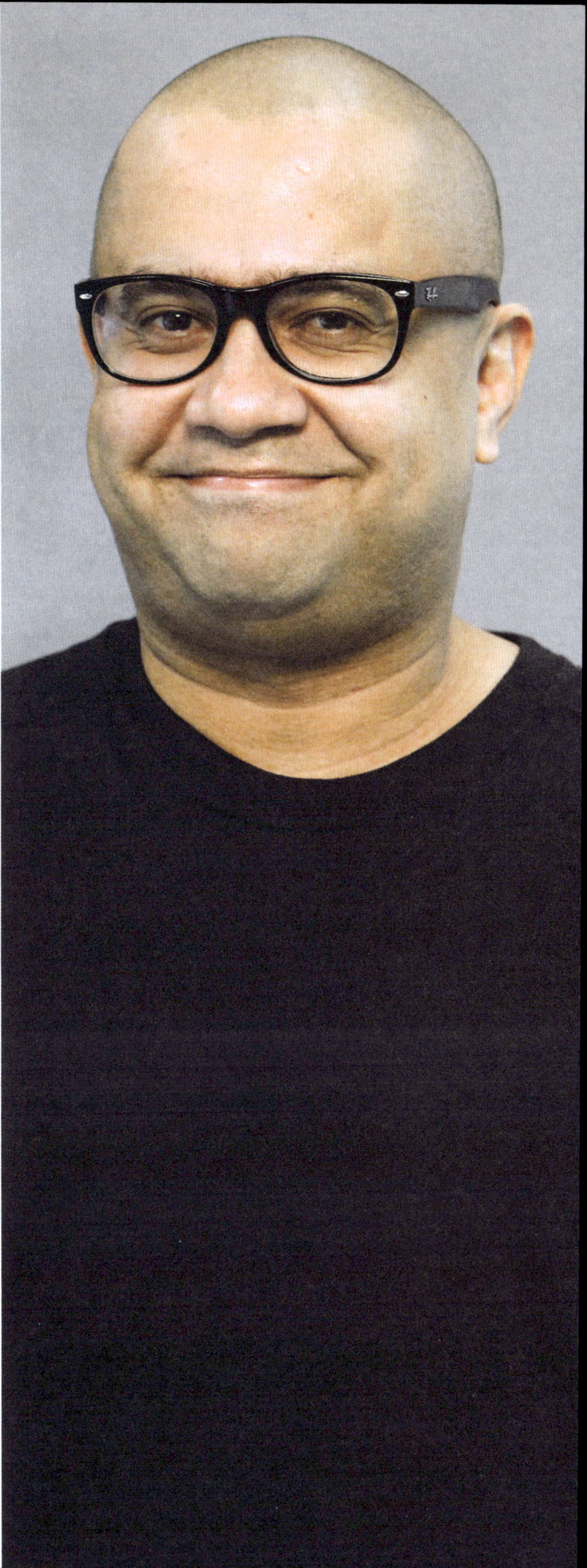

Breaking Bode

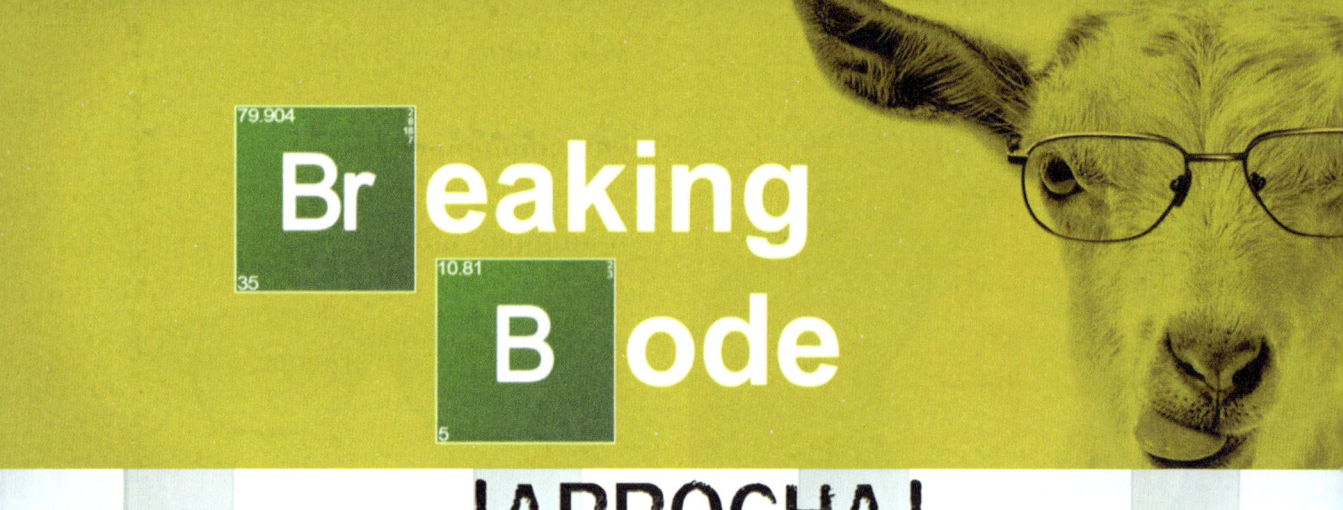

ARROCHA is the new BREGA

HOUSE of CACTOS

AGRESTE HORROR STORY

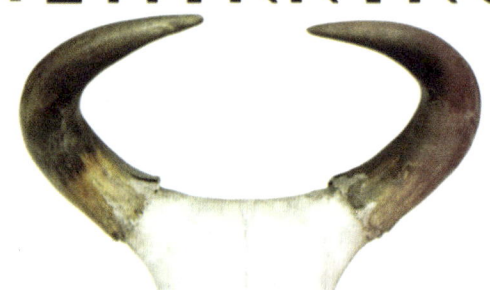

GOTHAM SERENA

how i met your fagner

nowdeste

A REDAÇÃO E O PROCESSO DE CRIAÇÃO

O senso comum imagina que o trabalho em uma redação de humor se resume a contar piadas, como em uma reunião de amigos no bar. Pelo contrário, o dia a dia é laborioso. Por trás da construção de todas as cenas feitas existem discussões e pesquisas sobre a escolha de cada palavra do texto. No início do ciclo de criação, Farias, Melhem e Adnet debatem com a redação conceitos e temáticas que serão trabalhados durante o ano, como um assunto que seja destaque na sociedade ou formatos televisivos que inspirem sátiras. Ao longo da elaboração de cada temporada, cerca de dez meses de trabalho, a equipe desenvolve os episódios, com média de 25 minutos e cerca de 35 cenas cada – mais de uma por minuto. O ritmo acelerado demanda um volume gigantesco de ideias. Além do trabalho coletivo, os autores passam horas assistindo à TV, anotando tudo que possa servir de inspiração. A observação do cotidiano também alimenta a criatividade. De uma simples ida ao supermercado, por exemplo, podem nascer comerciais com marcas e produtos. Na observação de um comportamento nas redes sociais, como a revolta com pessoas que dão *spoilers* de um seriado, surge uma paródia sobre o assunto. Independente da origem, escrever humor é descobrir como causar em milhões de pessoas algo tão subjetivo e exato quanto o riso. Existem estruturas e ferramentas de escrita que apoiam o roteirista, mas elas sozinhas não são suficientes para formular uma situação cômica.

O desafio dos colaboradores é observar características cristalizadas da nossa televisão e da nossa sociedade, que não mudam em um curto espaço de tempo. Durante o processo, alguns textos do *Tá no Ar*, principalmente os inspirados em acontecimentos, podem "envelhecer" e não fazer mais sentido se exibidos meses depois de criados. Quando possível, os textos são atualizados, como no comercial das "Tornozeleiras Golden Jail". Os modelos do aparelho foram rebatizados com nomes de escândalos de corrupção da época, como Pasadena e Lava Jato.

***>
Os autores reunidos
na redação do
Tá no Ar.

***>
Veja o comercial da tornozeleira Golden Jail, exibido na estreia da segunda temporada.

Desde a primeira reunião de criação, a orientação é escrever com liberdade, sem agressividade, buscando a melhor forma de construir críticas guiadas pelo intuito de fazer rir. Mesmo com o clima de descontração, há muita responsabilidade e seriedade no processo. Na redação formada por nove autores – incluindo Melhem e Adnet – as opiniões têm o mesmo peso, seguindo a dinâmica horizontalizada. As cenas, que raramente têm um único criador, são transformadas coletivamente ao longo do processo, independente de quem tenha dado o pontapé inicial. Há casos em que os redatores trazem para a reunião uma única palavra. Mesmo incompleta a premissa não é abandonada e o grupo desenvolve a história. Até mesmo quem não é do time de criação tem a oportunidade de colaborar. O esquete "Beto Carteiro", um jogo de palavras com o nome do parque Beto Carreiro, foi trazida pelo filho do roteirista Maurício Rizzo, Bernardo, na época com 5 anos de idade. (Se o *Tá no Ar* existir daqui a vinte anos, já sabemos quem terá vaga garantida no time.)

Para que essa "linha de produção" mantenha-se funcionando, a redação tem uma rotina quase diária de encontros em que os autores colocam na roda suas ideias. Os textos aprovados são organizados e escritos em formato de escaletas – resumo com o início, meio e fim de um esquete, ainda sem diálogo –, que é um guia para a cena.

CERVEJA BRAHMS

CENA ABRE EM UM BOTEQUIM CLÁSSICO DE COMERCIAL DE CERVEJA. MULHERES USANDO SHORTINHOS DANÇAM ENQUANTO UM GRUPO TOCA PAGODE. ENTRA UM HOMEM ENGOMADINHO, USANDO ÓCULOS, CABELO PENTEADO COM GEL, DESTOANDO DOS DEMAIS FREQUENTADORES. O HOMEM VAI AO BALCÃO E PEDE "UMA CLÁSSICA". O GARÇOM ABRE UMA CERVEJA BRAHMS. O HOMEM DÁ UM GOLE. IMEDIATAMENTE, O BAR SE TRANSFORMA EM UM AMBIENTE DE ÉPOCA, CLÁSSICO, COM MESAS SOFISTICADAS, UMA VIAGEM NO TEMPO. O RELÓGIO NA PAREDE VIRA UM CUCO, AS PAREDES DE AZULEJO VIRAM PAPÉIS DE PAREDE ESTAMPADOS. O GRUPO DE PAGODE SE TRANSFORMA EM UMA PEQUENA ORQUESTRA DE VIOLINOS. A ROUPA DO HOMEM VIRA UM TERNO E CARTOLA. O GARÇOM TAMBÉM GANHA UMA ROUPA DE ÉPOCA. ENQUANTO HOMEM BEBE, ENTRA VOZ DO LOCUTOR EM OFF: "PARA VOCÊ QUE NÃO É TÃO POPULAR, CHEGOU BRAHMS – A CERVEJA ERUDITA".

<***>
Ao lado, a escaleta do comercial da cerveja Brahms, que foi ao ar no sexto episódio da terceira temporada. Nas páginas seguintes, o storyboard criado para orientar a gravação.

Você pode conferir como ficou a cena utilizando o leitor de QR Code do seu celular na imagem abaixo.

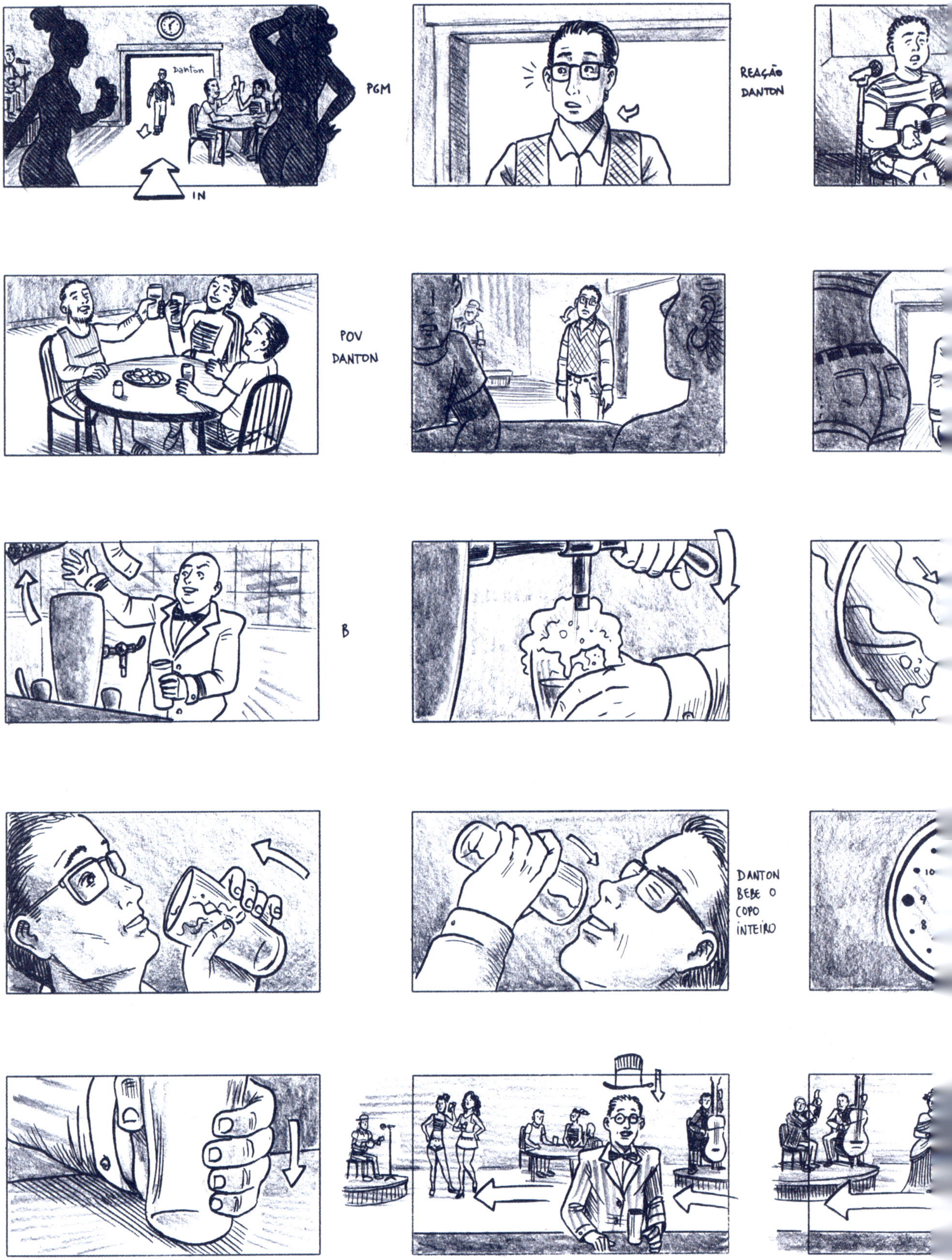
Danton
PGM
IN
REAÇÃO DANTON
POV DANTON
B
DANTON BEBE O COPO INTEIRO

POV DANTON

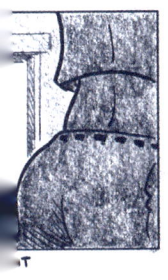

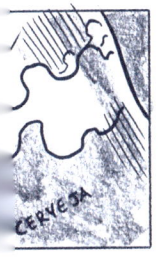

"TRAZ A CLÁSSICA!"

OPÇÃO CLOSE

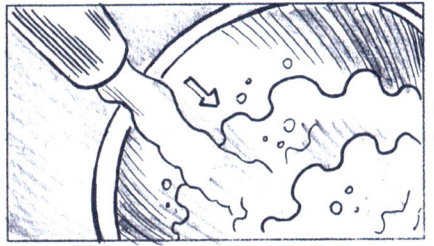

OPÇÃO CLOSE 2

RELÓGIO MODERNO MUDA P/ RELÓGIO ANTIGO

DANTON JÁ MUDOU (SUGESTÃO)

GARÇOM GIRA O COPO

MARTINHO LUTERO DA VILA

*JÁ PUBLIQUEI TESES
EXPONDO OS PODRES,
DE VÁRIAS IGREJAS,
CAUSANDO RUMORES,
FUI CONTRA A INDULGÊNCIA
E ATÉ MEDITEI,
CONTRA ALGUNS DOGMAS,
ME AUTOFLAGELEI.*

*JÁ PUBLIQUEI TESE DO TIPO
ATREVIDA,
DO TIPO ANTIPAPA E
ANTISSEMITA,
EM ALGUMAS TESES,
CONFESSO PIREI.
EM OUTRAS, APENAS
REGRAS QUESTIONEI.*

*TEM IGREJA CARETA QUE
NÃO PODE NADA,
IGREJAS OLHUDAS QUE
COBRAM DEMAIS,
MAS SÓ MINHA REFORMA,
O PROTESTANTISMO É
QUE LIVRE TE FAZ.*

*RESGATEI 12 FREIRAS
VIRGENS LÁ DO INTERNATO,
CASEI COM UMA DELAS,
CONTRA O CELIBATO,
O PAPA LEÃO X ME
EXCOMUNGOU, ENFIM.*

*PELA FÉ, MUDEI A MINHA
VILA E A HUMANIDADE,
FUNDEI O PROTESTANTISMO
NA SOCIEDADE,
ATÉ O LUTHER KING
SE INSPIROU EM MIM.*

***>
Assista ao clipe de Martinho Lutero da Vila

Em seguida, as escaletas são divididas entre os roteiristas, que vão transformando o resumo em uma cena completa com diálogos, cenários e desfecho. Esse processo é chamado de "abrir cena". Durante o desenvolvimento dos textos, os redatores seguem alguns balizadores que ajudam no processo de criação. Esquetes com assuntos de nicho e com temas específicos geralmente são mais curtos. Outra prática é desenvolver camadas de entendimento criando pontos de identificação para todos os públicos. Por isso, o texto é trabalhado até ganhar elementos que possam alcançar todas as pessoas, independente de classe social, faixa etária e escolaridade. Outro ponto-chave é que o *Tá no Ar* costuma parodiar gêneros televisivos, e não uma atração específica, ampliando a compreensão do público e a abordagem das críticas. Também é fundamental estudar as temáticas tratadas. O musical "Martinho Lutero da Vila", por exemplo, que nasceu de um trocadilho com o nome do sambista carioca, virou um estudo de vários dias sobre a biografia do monge alemão. Só depois de relembrar passagens importantes da vida de Lutero é que a equipe começou a rascunhar as primeiras estrofes da paródia.

Depois de escritos, os roteiros passam pela redação final feita por Melhem e Adnet, que alteram o que consideram necessário. Nessa etapa, um texto pode voltar para ser rediscutido ou, quando não funciona, descartado. Em seguida, os arquivos seguem para as mãos de Farias, que, junto com diretores e produtores, tece considerações a respeito dos conceitos e da viabilidade das cenas. Em seguida, o roteiro volta à redação para ser retrabalhado até ganhar sua versão final.

OS AUTORES

***

ALEXANDRE PIMENTA é roteirista e jornalista. Começou a carreira no canal GNT integrando a equipe dos programas *Happy Hour* e *Armazém 41*, e cobrindo as semanas de moda, quando aprendeu o que é uma manga morcego. Na TV a cabo desenvolveu programas e colaborou em séries. Na Globo fez parte do *Caldeirão do Huck* escrevendo quadros como "Mandando Bem", "Lata Velha" e "Lar Doce Lar" até descobrir que levava mais jeito para fazer rir e, então, entrar para a equipe do *Tá no Ar*.

ANGÉLICA LOPES é roteirista, escritora e jornalista. Já escreveu novelas e seriados e assinou o roteiro de dois longas-metragens. Tem 16 livros publicados, a maior parte voltada para o público infantil e juvenil – entre eles, *74 dias para o fim*, vencedor do prêmio alemão White Ravens 2016. No humor da Globo, passou pela redação do *Zorra Total* antes de integrar a equipe do *Tá no Ar*.

DANIELA OCAMPO é atriz, autora, diretora e professora de teatro. Tem em seu currículo os espetáculos *Z.É. – Zenas Emprovisadas*, *Selfie*, *Lente de aumento*, *Minimanual de qualidade de vida*, entre outros. É também professora no teatro O Tablado. Na TV escreveu *Os Caras de Pau* e *Esquenta* antes de entrar para a equipe do *Tá no Ar*, de onde não pretende sair mesmo que o programa acabe. Seguirá escrevendo os episódios sozinha e postando no Twitter. Seu perfil está disponível no LinkedIn e também no Tinder.

***

LEONARDO LANNA é carioca, flamenguista e técnico em publicidade, e ainda estudou história na UFRJ. Escreve no site Sensacionalista. Na Rede Globo passou por programas como *Fantástico*, *Encontro com Fátima Bernardes* e *Escolinha do Professor Raimundo*. É coautor dos livros *A história sensacionalista do Brasil* e *Pagar por um livro que está na internet é sinal de genialidade, dizem especialistas*. Foi colunista da revista *Alfa* e da *Folha de S.Paulo*, mas seu sonho mesmo era ser cartazista de supermercado. Atualmente seus maiores desafios são perder peso e ser pai de uma adolescente.

MAURÍCIO RIZZO se formou em engenharia eletrônica, mas logo percebeu que rendia mais usando o outro hemisfério do cérebro. Foi cursar música e, junto com os colegas de faculdade, idealizou a peça *TV Temas*, que satirizava o universo televisivo alternando esquetes de humor com jingles clássicos. Se tornou roteirista aos 30 anos, escrevendo seriados como *A Diarista*, *Junto & Misturado* e *A Grande Família*. Há seis anos dá aulas de roteiro.

THIAGO GADELHA nasceu em Fortaleza e aos 17 anos foi estudar cinema em Los Angeles, onde finalmente realizou seu maior sonho de infância: beijar outro rapaz. Lá criou a série *Small Bits of Happiness*, que lhe rendeu uma nomeação para o Greenlight Awards, do festival de cinema South by Southwest, e também o prêmio de melhor série de humor no Independent Television Festival, em 2008. Em 2012 voltou para o Brasil, onde criou o canal *TV Vai com as Outras*, no YouTube, e se dedicou à pintura.

WAGNER PINTO é formado em jornalismo pela Facha. Começou a vida profissional na Rádio Cidade, em 1996. Foi um dos fundadores e apresentadores do *Rock/Pop Bola*, um dos programas mais famosos do rádio carioca. Na TV apresentou o *Pisando na Bola*, do SporTV, e *Rec Bola*, da Rede Record. Como roteirista escreveu as séries *Dicas de um Sedutor*, da Rede Globo, e *Desenrola Aí*, do Multishow. Só sairia do *Tá no Ar* se fosse para cantar no Queen.

Banco de Sêmen

Vaidosinha
ela é fútil e patricinha

Vaidosinha
ela é fútil e patricinha

Vem com **KIT CIRURGIA PLÁSTICA**

Com afinador de nariz e ácido para peeling e mangueirinha de lipoaspiração

"SERIA TÃO BOM SE ESSE PROGRAMA FOSSE AO AR UM DIA..."

O ator Welder Rodrigues, durante a reunião de leitura do primeiro episódio do *Tá no Ar*.

***
A MONTAGEM E O PRIMEIRO ROTEIRO
Reunir os esquetes que formam um episódio do *Tá no Ar* é um processo complexo. O que parece uma colagem aleatória de cenas na verdade é um quebra-cabeça que contempla a variedade de uma grade televisiva. Para isso, a redação precisou criar um método organizacional próprio. As cenas são divididas em subcategorias classificadas por cores, de acordo com o estilo da atração: comerciais, programas, novelas, telejornais, esportes, zapeadas, filmes, cartelas de interrupção etc. Elas são transformadas em tiras coloridas e organizadas em um quadro, tornando visual o equilíbrio entre temáticas e gêneros televisivos.

O primeiro episódio pode ser determinante para o sucesso ou o fracasso de uma atração. Ele funciona como uma carta de intenções ao telespectador e deve representar o todo de um projeto, dando uma mostra do que está por vir e o tipo de humor que será feito. Por isso, são grandes os esforços dos autores, diretores e produtores para que ele seja impactante. O *Tá no Ar* tem uma estrutura narrativa sem ordem cronológica ou arco dramático. Os esquetes são escritos visando abranger os estilos televisivos.

Antes de seguir para a produção, ocorre uma leitura do texto reunindo todos os departamentos. O objetivo, além de avaliar como seria a recepção das pessoas, é ouvir sugestões e observações da equipe. Na época, todos estavam curiosos para saber como seria o humorístico. O encontro aconteceu em uma sala de ensaio da Globo. Ao entrar, cada um recebeu uma cópia do roteiro para acompanhar a leitura feita pelo elenco e fazer suas anotações. As rubricas – cabeçalhos que indicam o que vai acontecer na cena – eram lidas por Farias. Logo no início da leitura, o que se viu, além de muitas gargalhadas, foi incredulidade. "Seria tão bom se esse programa fosse ao ar um dia", disse Welder Rodrigues. As cenas foram ao ar alguns meses depois, exatamente como estavam escritas.

***
A PRODUÇÃO, O SET DE GRAVAÇÃO E A ILHA DE EDIÇÃO

Com centenas de cenários, artes, caracterizações, linguagens e figurinos, o *Tá no Ar* é um programa complexo de ser produzido. A direção escolheu investir em uma estética fiel à realidade, que busca potencializar a força dos esquetes, optando por uma realização não farsesca e deixando a cargo do texto, e não na forma, a comicidade das cenas. Enquadramentos, ritmo, narrativa, o tom de interpretação e todas as outras áreas como fotografia e cenografia deveriam emular o mundo real, dando a sensação de passear por diferentes canais. Além disso, o *Tá no Ar* precisava representar a televisão brasileira como um todo, e não somente a Globo, com seu alto padrão técnico de imagem e som. Essa programação fictícia teria que ser ruim quando necessária, com interferências e imagens de baixa qualidade. Para isso, os profissionais envolvidos precisariam ter um amplo leque de habilidades e referências. Além de Farias, os responsáveis por essa missão eram Vicente Barcellos, João Gomez e Mauro Farias, que, com sua ida para o *Zorra*, foi substituído por Felipe Joffily.

    O set de filmagens abre espaço para algumas criações e experimentações que muitas vezes dão certo, como o personagem Obirajara Dominique, criado durante as gravações de outro esquete. De improviso, nasceu um índio que preferia ir

<***
Os diretores
Mauro Farias,
Vicente Barcellos,
João Gomez e
Felipe Joffily.

ao salão a cortar o cabelo na tribo e, em vez de caçar, gostava de fazer colares de miçanga com as mulheres. A direção gravou toda a improvisação, que foi ao ar como zapeadas no último episódio da terceira temporada. O resultado foi positivo, e a redação criou um quadro para Obirajara, que voltaria no ano seguinte. Outra experiência bem-sucedida foi no "Discovery Homeless", canal em que um sem-teto dá dicas de decoração, gastronomia e comportamento. O esquete escrito em inglês seria dublado em português. No set, o personagem ganhou um sotaque britânico, e a equipe viu que a versão inglesa ficaria mais engraçada que a dublada. Daí em diante, todos os textos do mendigo passaram a ser legendados em português.

Na contramão do improviso, nos canais internacionais, os atores são acompanhados por tradutores que ensinam a inflexão exata de cada fonema para que a pronúncia seja exatamente como no país de origem. Cenas como o programa "Caldeirão do Schultz" – falado em alemão – e o comercial "Burguer Kim Jong-un" – todo falado em coreano – demoraram horas para serem gravadas até que os atores conseguissem falar perfeitamente cada frase do texto.

<***
As marcas de *Caldeirão do Huck* e do quadro *Soletrando,* parodiadas no canal alemão.

Tá no Ar — Capítulo: # — PAG.:1

INT / LANCHONETE BURGUER KIM JONG UN / DIA

TV Coreia do Norte. Numa lanchonete, funcionários uniformizados de azul e vermelho. Clientes com roupas escuras, formais, em silêncio, numa fila reta e longa. Nas mesas, outros comem meio robóticos. Logotipo da lanchonete é inspirado no do "Burguer King", mas com a imagem estilizada de Kim Jong Un. Nas paredes, fotos do ditador como funcionário do mês. Todos falando coreano.

ATENDENTE
Rádqui!

LEGENDA
Próximo!

CLIENTE
(Faz "um" com dedo)
Bhono Raná Jusséo.

LEGENDA (CONT.)
Número 1, por favor.

Atendente entrega bandeja com apenas um hambúrguer na caixinha, onde vemos escrito "Un". No balcão, várias bandejas iguais, como numa linha de produção.

LOCUTOR (V.O.)
Venha conhecer o novo "Burguer Kim Jong Un", o primeiro e único fast food norte-coreano. Aqui, você pede pelo número. O número um, claro. A gente escolhe tudo por você, pra garantir o regime!

Seguindo o off, atendente grelha hambúrgueres.

LOCUTOR
Nossos hambúrgueres são preparados com 100% de carne canina.

Entra arte, recriando a estética das placas que formam painéis de arquibancada dos jogos coreanos. Vários quadradinhos formam a imagem de um cachorro. (Opção: Fazer clientes da lanchonete com as placas na mão). Atendente tenta tirar bebida da máquina, mas não sai nada.

LOCUTOR (V.O.)
Não servimos refrigerante por conta do embargo econômico! A eficiência do nosso sistema totalitário, faz do "Burguer Kim Jong Un" o líder supremo do mercado. Todos os nossos atendentes estão sempre em busca da perfeição.

Cliente sai um pouco da linha, atendente dá bronca.

ATENDENTE
Rassí Renabndá!

LEGENDA
Volta pra fila!

LOCUTOR (V.O.)
E na compra do nosso único combo, você ganha nosso único brinde.
(Efeito das plaquinhas, agora forma o desenho de um míssil)
Uma miniatura de míssil nuclear para os filhos que você não vai ter!

© TV Globo – Todos os direitos reservados.
Uso exclusivo pela TV Globo.

Vemos cliente adulta tentando entender o míssil de brinquedo. No efeito das plaquinhas, imagem de bebê com x. Em outra mesa, alguém mexe no celular, sem conseguir.

LOCUTOR (V.O.)
E não adianta pedir entrega a domicílio.
Telefones e internet estão sempre bloqueados.

Nas placas, símbolo de celulares e wi-fi proibidos.

LOCUTOR (V.O.)
Experimente "Burguer Kim Jong Un".
(Entra assinatura com o logotipo)
É de comer chorando.

Fecha com imagens dos clientes na lanchonete, comendo e chorando, no estilo das imagens da morte do Kim Jong-iI.

Funcionário do Mês

Kim Jong Un

BURGUER KIM JONG UN

<***>
A produção de arte recriou todos os elementos de uma típica lanchonete no comercial "Burguer Kim Jong-Un" – incluindo embalagens, cartazes de promoção e até o quadro de "funcionário do mês".

Pelo QR code desta página você assiste a cena completa.

***>
Georgiana Góes e Maurício Rizzo no equipamento de efeitos especiais usado no jornal *Montanha Russa News*.

Para integrar o time de profissionais, Farias trouxe a equipe com quem trabalhava há anos, que já havia enfrentado o desafio de produzir programas de humor com acabamento realístico. A cenógrafa e diretora de arte Luciane Nicolino e a diretora de produção Ana Gabriela – parceiras de Farias em projetos como *A Grande Família, Aline, Junto & Misturado* e *Tapas & Beijos*, entre outros – foram aperfeiçoando formas de realizar e produzir o *Tá no Ar*. Uma das soluções encontradas foi utilizar ao máximo cada cenário, modificando e reaproveitando os espaços cenográficos sem perder a qualidade. Esse modelo de criação teve a participação da cenógrafa Flávia Yared; dos produtores Rafael Cavaco, João Alcântara e Tatiana Poggi; e das assistentes Alice Demier e Maria Clara Abreu. Apoiando na concepção da linguagem e na atmosfera de cada esquete, os diretores de fotografia Ricardo Gaglianone, Conrado Roel, Paulo Violeta; e os câmeras Carlos Rogers, Malheiros, Hugo Mattos, Tito Campos e Antônio Carlos Laport, também fizeram contribuições fundamentais ao processo criativo.

As saídas criativas encontradas pela produção e direção tornaram possíveis ideias que de outro modo acabariam sendo descartadas, como o jornal "Montanha-Russa News", na terceira temporada. O texto passou um ano engavetado devido à dificuldade de realização. No Rio de Janeiro, onde acontecem as gravações, não existia nenhum parque de diversões com uma montanha-russa cheia de loopings. A opção seria viajar para São Paulo, mas o custo com deslocamento de equipe tornava a gravação inviável. Depois de estudar diversas possibilidades, a solução estava em um equipamento do departamento de efeitos especiais usado para gravar cenas de acidentes de carro. Um carrinho foi instalado no aparelho, que é capaz de fazer giros de 360 graus em todas as direções. A paisagem no entorno do brinquedo foi aplicada utilizando computação gráfica.

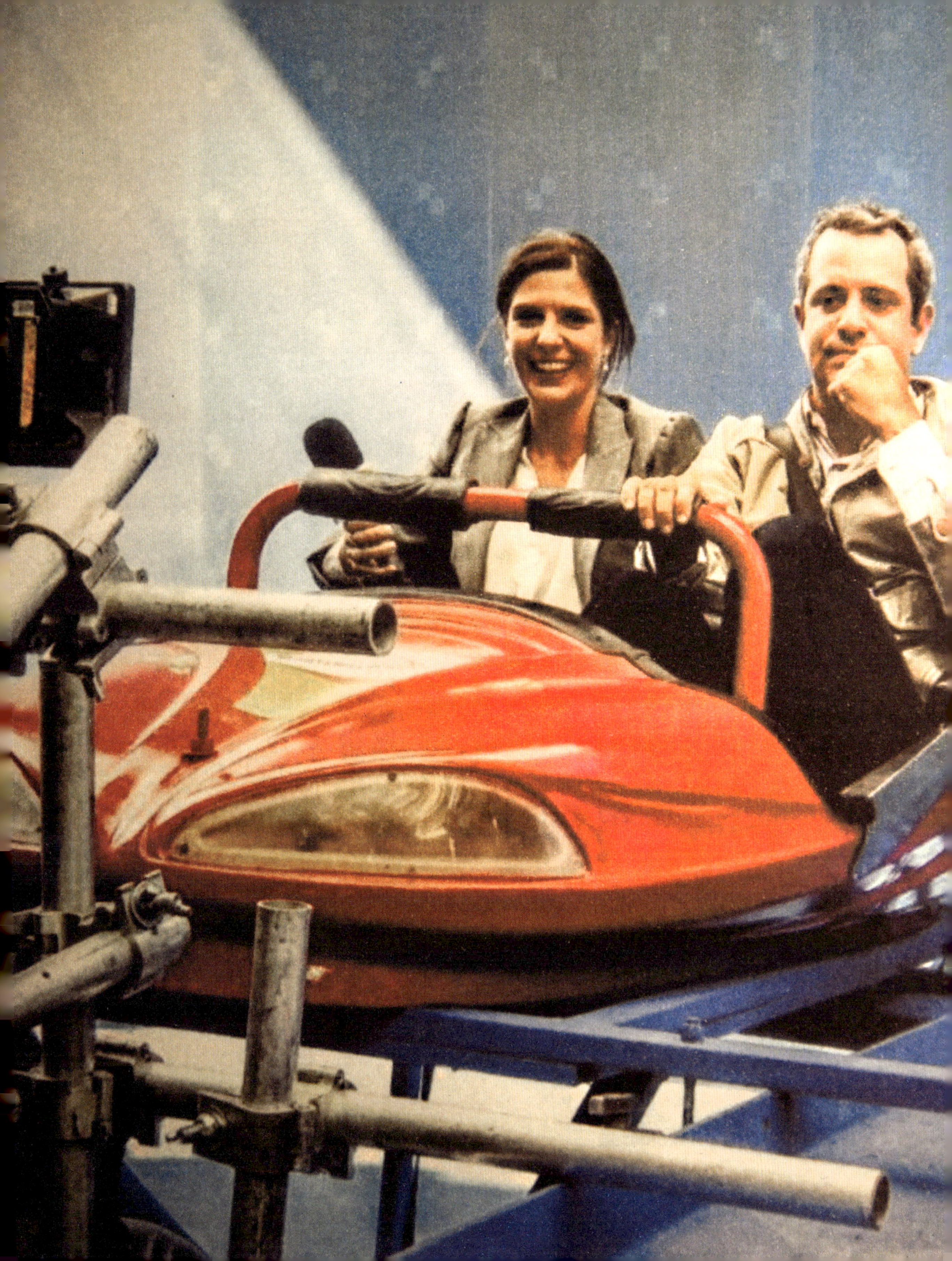

Olham
p/ o Anão

Em outros casos, os elementos eram tão realísticos que os autores escreveram mais quadros com a mesma temática para aproveitar o que foi produzido, como na cena "Game of Nomes", uma paródia da famosa série *Game of Thrones*.

A ilha de edição é o lugar onde tudo o que foi gravado ganha ordem e recebe os tratamentos necessários antes de ser exibido. Farias, Melhem e Adnet dão forma final às cenas, escolhendo trechos que serão cortados, interrompidos ou mostrados por alguns segundos no formato de zapeadas. O grupo costuma dizer que a edição funciona como uma segunda redação, em que se pode reescrever a história por meio de imagens.

Uma das soluções narrativas encontradas na ilha foi criada horas antes da estreia. A equipe percebeu que poderia ser difícil para o público identificar quais momentos eram zapeadas e quais eram cenas com uma história a ser acompanhada. A ideia foi inserir a barra de canais da TV a cabo, sinalizando quando o quadro permaneceria por mais tempo no ar. Ao longo das temporadas os editores Andre Alves Pinto, Luis Carlos Cabrita, Cris Carneiro, Cezar Bouças e Rafa Oliveira tiveram que encontrar o ritmo e o estilo de cada atração, e ajudaram de maneira criativa nos conceitos de edição dos esquetes. O arremate de luz e colorização feito pelo colorista Fernando Costa e os efeitos sonoros produzidos pelo sonoplasta Ian Murray deram o toque final.

<***
Assista através do QR Code o "Game of Nomes".

SACOS DE LIXO
AZULÃO
SUPER RESISTENTE

Porque este moleque tem que aprender

degolar.com

Luaninha
da webcam

sandália JUSTA

PESCA FATAL

***
FOCA EM MIM!
Um dos maiores sucessos do *Tá no Ar*, o "Jardim Urgente", nasceu como um episódio avulso. Melhem estava no set acompanhando os trabalhos da equipe. Vendo a brilhante interpretação de Welder Rodrigues, telefonou para a redação e encomendou outros cinco episódios. Foi também no set que o personagem ganhou nome: Jorge Bevilacqua. A atriz Carol Portes, interpretando a repórter que conversava pelo link com o apresentador, sugeriu chamá-lo de Jorge, e a direção concordou.

O quadro tem como inspiração as dezenas de programas jornalísticos policiais brasileiros, em que os âncoras fazem o papel de porta-vozes da população exigindo punições severas aos meliantes. No *Tá no Ar*, esse conceito foi aplicado a crianças bagunceiras tratadas como criminosos da pior estirpe, que merecem penas duras como banho frio, confisco de videogame e o temido cantinho do pensamento. O quadro ainda abre espaço para anunciar produtos que facilitam a vida dos pais, como o Rivokids, remédio que faz a criança dormir por 24 horas; as Sandálias Educanas, um chinelo pesado que ajuda na educação dos filhos; e a Tijocama, uma cama de alvenaria que ajuda o seu filho a acordar cedo.

Já o famoso "Foca em mim!" por pouco não existiu. Após dar o grito de ordem para que o cinegrafista o enquadre no centro do vídeo, Jorge é atingido em cheio por uma foca de pelúcia arremessada por seu assistente de palco, Batata. Logo na primeira leitura, os redatores se convenceram de que a cena soaria infantil e decidiram retirá-la. O bichinho só voltou porque a equipe de produção convenceu Melhem de que a frase e o mascote já eram sucesso nos bastidores, antes mesmo da estreia. O bordão virou uma das marcas registradas do programa.

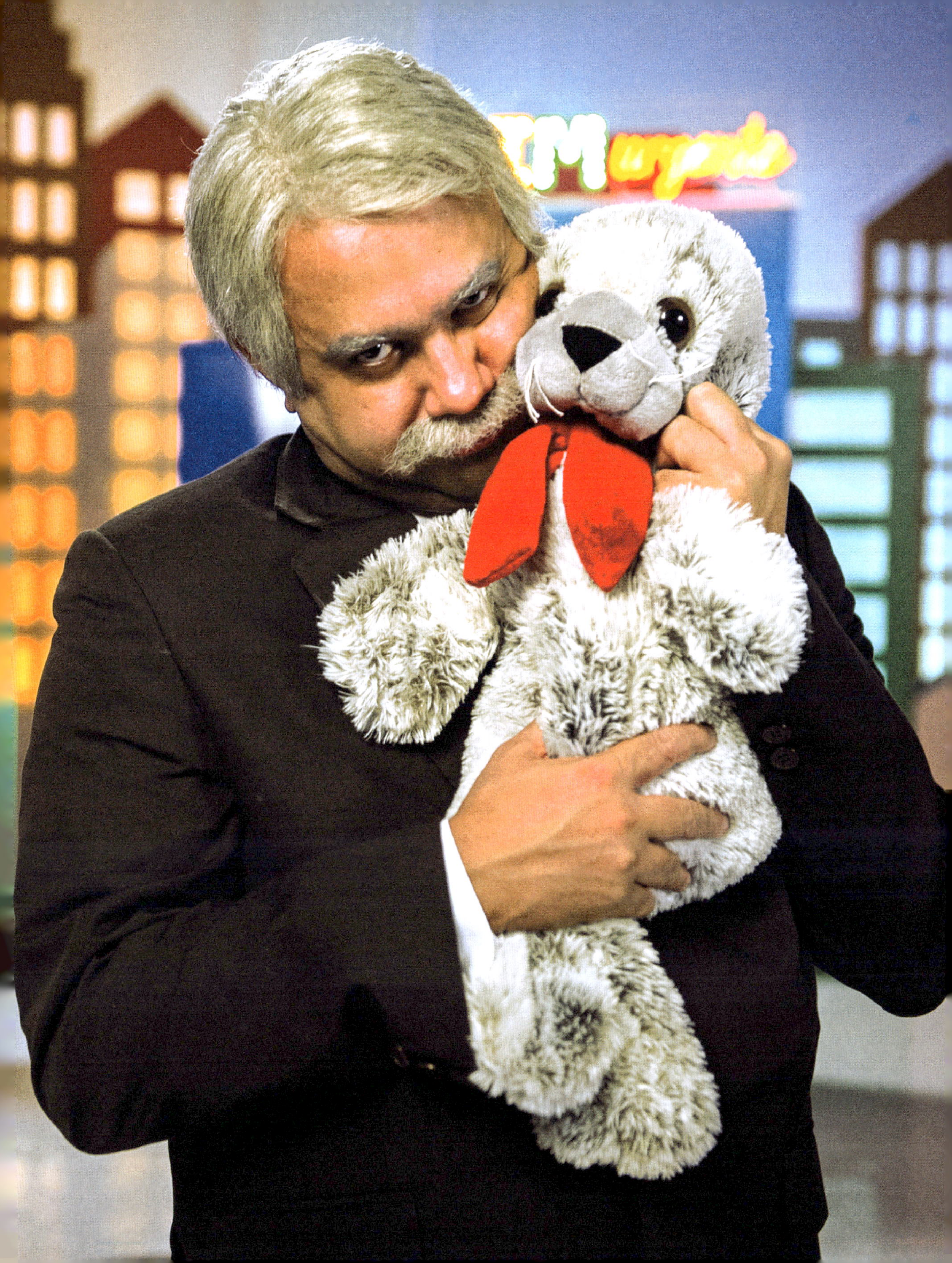

As primeiras camas infantis com colchões totalmente feitos de alvenaria, para o seu pequeno vagabundo não ficar de moleza

TIJOCAMA
COLCHÕES TOTALMENTE FEITOS DE ALVENARIA

ASSUSTAGEN®
5-9 ANOS
25 VITAMINAS MINERAIS
400g
SABOR ARTIFICIAL DE MORANGO

NANA PAPAI
JANELAS E PORTAS ANTI-MANHA

CHILD IN BOX
Jorge Bevilacqua

CHEGOU **RivoKIDS®** clonizepan

Sandálias **EDUCANAS**

CONVERSIBLE CHAIR

A primeira cadeirinha de carro para ser instalada na parte externa do veículo!

***
ATABAQUE QUE BATE, BATE

A "Galinha Preta Pintadinha" surgiu como uma homenagem à Galinha Pintadinha, febre entre as crianças. Os autores acreditavam que uma paródia do desenho daria um bom quadro voltado aos adultos. A equipe começou listando canções infantis tradicionais e, em seguida, pesquisou termos e práticas religiosas para que tudo estivesse correto, sem distorções e desrespeitos. Compor as canções foi a parte divertida do trabalho.

O segundo passo era levar a ideia ao time de efeitos visuais, coordenado por Renato Freitas. Ele e sua equipe – composta por Eduardo Demarco, Natan Silva, Thaina Leoni, Bruno Costa, Marcelo Merola, Marcelo Papf e Talitha Mariana – criaram as características estéticas da "Galinha Preta Pintadinha" e seus amiguinhos.

Assim como o "Jardim Urgente", a "Galinha" nasceu como um único episódio. Depois da exibição, o quadro viralizou na internet. As canções foram compartilhadas por milhares de pessoas, inclusive por religiosos. A recepção foi positiva, e os roteiristas escreveram outros dois episódios da "Galinha" ainda na primeira temporada. Nos anos seguintes, ela retornaria cantando músicas das religiões católica, evangélica e islâmica.

Não é só o público que se diverte com o desenho. Em 2015, a atriz Paolla Oliveira estremeceu as redes sociais com uma cena em que aparecia de calcinha na série *Felizes para Sempre?*. De brincadeira, a equipe de computação transportou a "Galinha Preta Pintadinha", sensualizando, para o lugar de Paolla. A montagem ficou tão engraçada que a direção transformou a piada interna em uma chamada do *Tá no Ar*, que foi exibida na programação.

<***
Veja em seu celular a Galinha Preta Pintadinha de Paolla Oliveira.

GALINHA PRETA PINTADINHA

INT / SALA / DIA

Três crianças estão sentadas em frente a uma TV comendo pipoca em um pratinho de barro. De repente, na tela entra desenho animado.

> **CRIANÇA 1**
> (Animada)
> Olha mãe, a "Galinha Preta Pintadinha"!

CORTA PARA:

INT / DESENHO NA TV - ANIMAÇÃO / DIA

Desenho infantil estilo "Galinha Pintadinha". Entra logotipo do personagem. Galinha Preta surge dançando em interpretando as canções. Em OFF, uma voz de locutor fala sobre o produto.

> **LOCUTOR (V.O.)**
> Chegou o novo DVD da "Galinha Preta Pintadinha", com os tradicionais pontos infantis!

> **CORAL INFANTIL**
> (Em ritmo de "Atirei o Pau no Gato")
> Botei farofa na esqui-na-na, mas o san-to-to, não comeu-eu-eu.

Animação da Galinha Preta numa esquina ao lado de uma vela, uma garrafa e um alguidar com pipoca. Em lettering, entra nome da música: "Fiz Ebó". Efeito sonoro de passagem.

> **CORAL INFANTIL (CONT.)**
> (Em off, no ritmo de "Pirulito que bate-bate")
> Atabaque que bate, bate. Atabaque que já bateu. Acendi vela pro santo mas o santo não desceu!

Animação da Galinha Preta batendo atabaque. Em lettering, entra nome da música: "Atabaque que bate bate". Efeito sonoro de passagem.

> **LOCUTOR (V.O.)**
> Seu filho vai cantar pra subir!

> **CORAL INFANTIL (V.O.)**
> (No ritmo de "Ciranda Cirandinha")
> Macumba macumbinha, vamos todos despachar, vamos dar ebó pro santo, ebó pro santo vamos dar. O ebó que tu me deste deu quizila e acabou. Eu bebi toda a cachaça e o ebó não adiantou.

Galinha preta, uma pomba de saia rodada e um bode estão de mãos dadas fazendo uma roda em volta de uma oferenda. No meio, entram imagens de atabaques, pratinhos de barro com comida, garrafas de bebida enquanto os bonecos dançam. Em lettering, entra nome da música: "Macumba, macumbinha".

LOCUTOR (V.O.)
Tem a Galinha Preta Pintadinha, a Pombinha-gira, o Bodespacho, e muito mais!

Bonecos da Galinha Preta Pintadinha, da pomba e do bode passam pratos um pro outro, como em "Escravos de Jó". Aparece o lettering "Prepara o Ebó".

CORAL INFANTIL (V.O.)
(Ao ritmo de "Escravos de Jó")
Prepara o ebó, para o seu orixá. Fuma, bebe, bota a pipoca no alguidar. Pipoca com marafo para o santo agradar.

Entra vinheta de encerramento com a logo do DVD "Galinha Preta Pintadinha".

LOCUTOR (V.O.)
"Galinha Preta Pintadinha". Mais um lançamento "Candomblécords".

OBÁ, IEMANJÁ E OGUM

TRABALHO PRA OXUM

EXPULSAR O EXU PERVERSO

TRABALHO PRA OXUM

***
A ELITE "DIFERENCIADA"

Um apresentador que entrevista empresários poderosos, frequenta festas exclusivas e casamentos luxuosos. O mundo dos ricos e famosos serviu de modelo para a concepção dos personagens Rick Matarazzo, apresentador do "Balada VIP", interpretado por Melhem, e Tony Karlakian, empresário da elite paulistana, interpretado por Adnet. Os nomes dos personagens lembram a sonoridade dos imponentes sobrenomes das famílias tradicionais de São Paulo, geralmente de origem estrangeira. O quadro nasceu como uma *running gag* – piada recorrente dentro de um episódio. Depois de ir ao ar, a equipe percebeu que a dupla tinha fôlego para ter um quadro próprio, e os dois ganharam mais episódios.

Sempre animado, com os dentes clareados, usando camisa justa no corpo e caxemira sobre os ombros, Tony apresenta os conceitos trazidos do exterior para a noite paulistana. Para criar as tendências espalhafatosas, os roteiristas buscaram referências nas revistas de celebridades, nos blogs e nas redes sociais dos famosos. No "Balada VIP", os jabás – termo usado para denominar uma propaganda velada – pautaram as participações especiais de Marcos Caruso, interpretando o dentista que encapou os dentes de Tony; Oscar Filho, como sócio de Tony em seus empreendimentos; e de Otávio Müller, no papel de um personagem que está sempre disposto a emprestar seu patrimônio em troca de vantagens. O comportamento elitista que associa a qualidade de um lugar à seleção do público também serviu de inspiração. Festas populares como o Carnaval, quando organizadas por Tony Karlakian, passam a ser exclusivas, onde só entram os VIPs.

As maquiadoras Marlene Moura, Simone Batata e Dayse Teixeira; a figurinista Helena Araújo, seguida pela figurinista Flavia Neves, também inovaram em seus processos ao compor com enorme talento as caracterizações e os figurinos dos personagens Tony Karlakian e Rick Matarazzo. A prótese dentária usada por Rick, por exemplo, nasceu de uma sugestão dessa equipe e virou uma das marcas registradas do personagem.

<***
Abra seu leitor de QR code assista ao carnaval do Karlakian.

Balada VIP

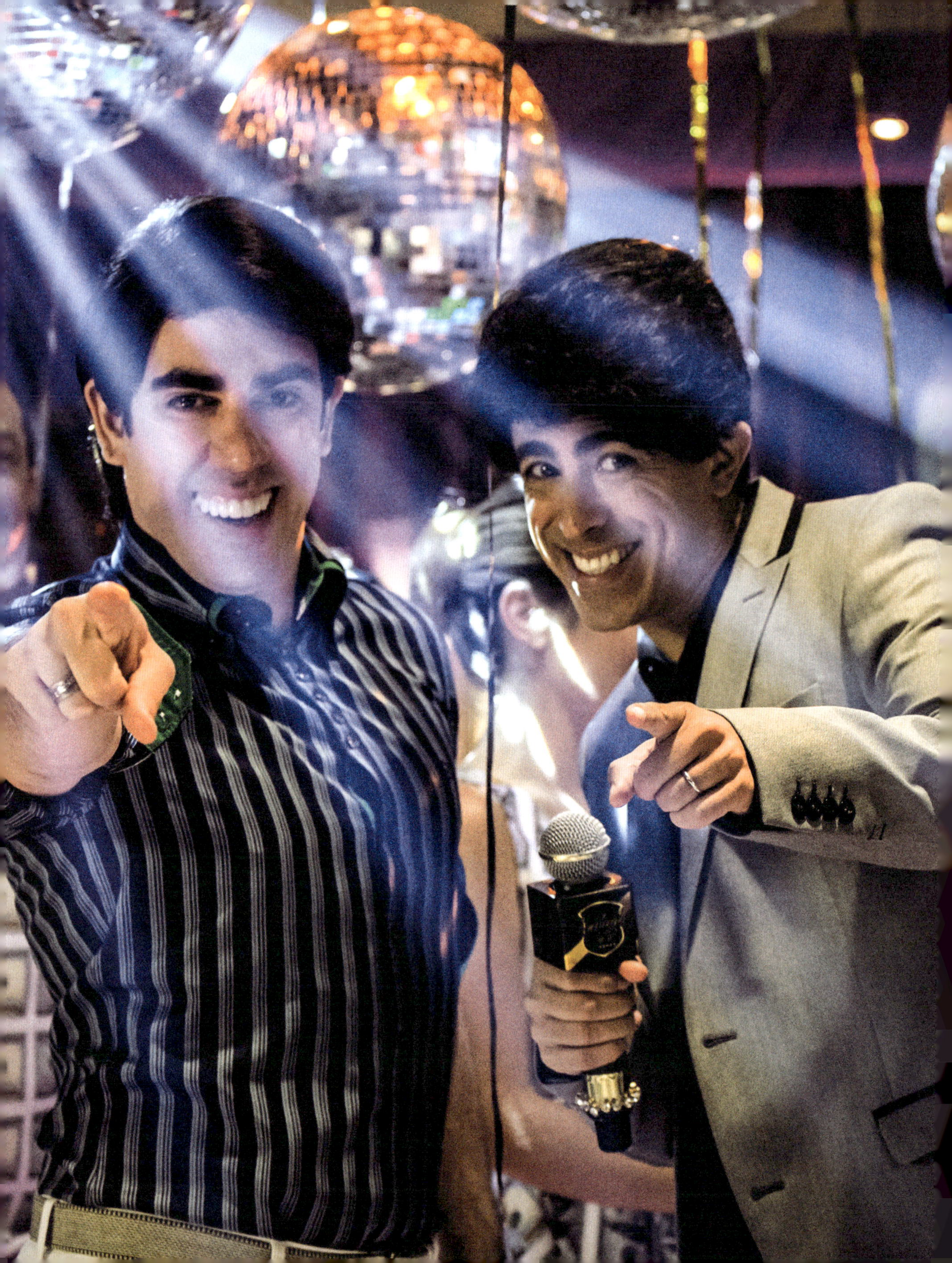

INT / CLUBE VIP / NOITE

Imagens de uma pista de dança, onde pessoas com adereços de luxo de carnaval dançam ao som da discoteca. Entra logotipo do programa "Balada Vip". O apresentador Rick Matarazzo está ao lado de Tony Karlakian.

RICK
Está começando o nosso "Balada Vip" especial, trazendo pra você o carnaval mais diferenciado do Brasil, que é o de São Paulo. Porque só a cidade de São Paulo tem Tony Karlakian!

TONY
Rick! Prazer te receber no meu evento. Como você está vendo, o carnaval da elite paulistana acontece um pouco antes do carnaval do resto do Brasil, porque nosso público costuma ir pra Aspen nessa época do ano. Pra fugir do calor e dos populares que invadem às ruas.

RICK
Fazem muito bem. Mas eu tô curioso, Tony. O carnaval é a festa do povo. E o vip quer distância do povo. O que você inventou para solucionar isso? Conta, vai.

TONY
Foi difícil, realmente, mas sou um cara que gosta de desafios. Esse ano, eu e meu sócio Fabinho Cohen trouxemos o conceito do "perfume de festa".

RICK
Perfume de festa? Como é isso, Tony?

Tony aponta máquinas que borrifam vapor presas à parede.

TONY
Tá vendo aqueles borrifadores ali? Nosso ambiente está sendo aromatizado no estilo "Carnaval na Bahia". Dali sai uma leve essência de urina com notas de capim limão, que te traz o clima do pelourinho numa proposta mais clean.

RICK
Esse Tony! Eu vou te contar! Ele pensa em tudo, meu! Olha, Tony, o seu carnaval nem parece carnaval!

TONY
Era esse o objetivo, meu querido. Samba e axé são ritmos que não combinam com a elite. Olha esse outro ambiente aqui.

84.

***
O QUE TEM NA CAIXA?
Um apresentador de auditório que durante meses promete revelar "o segredo dentro da caixa misteriosa" brinca com um tipo de atração comum no Brasil – programas que seguram a audiência ao criar curiosidade e expectativa, sem apresentar um conteúdo relevante. O "Te Prendi na TV" foi escrito em cinco episódios, mas durante a edição a equipe concluiu que a crítica seria amplificada se o conteúdo fosse exibido ao longo da temporada em doses homeopáticas. O quadro foi dividido criando uma *running gag* de 12 semanas. A ousadia deu certo, e o "Te Prendi" retornaria com novos mistérios no quarto ano do *Tá no Ar*.

TE PRENDI NA TV

O mistério acabou. Saiba agora o que tem na outra caixa.

O mistério acabou. Saiba agora o que tem na outra caixa.

MISTÉRIO: O que tem no envelope?

#OQUETEMNOENVELOPEQUEESTAVA NACAIXADENTRODAOUTRACAIXA?

#OQUEABRECHAVEQUEESTAVANOENVELOPEQUE ESTAVANACAIXAQUEESTAVADENTRODAOUTRACAIXA?

#OQUETEMNACAIXAQUESERÁABERTAPELACHAVEQUE ESTAVANOENVELOPEQUEESTAVANACAIXAQUEESTAVA DENTRODAOUTRACAIXA

canal aberto

PERÍODO DE OVULAÇÃO

PERÍODO FÉRTIL

***
O HUMOR COM AS MARCAS

Uma campanha publicitária bem-sucedida, capaz de criar imediata identificação no público, é o ponto de partida para a construção dos comerciais do *Tá no Ar*. Algumas marcas capitalizam as paródias e monitoram nas redes sociais a repercussão gerada pelo assunto. Os resultados confirmam que as brincadeiras têm sido positivas para as empresas, provando que o humor é mesmo um bom negócio.

Logo no primeiro episódio empresas como Ipiranga, Friboi e Ricardo Eletro foram homenageadas.

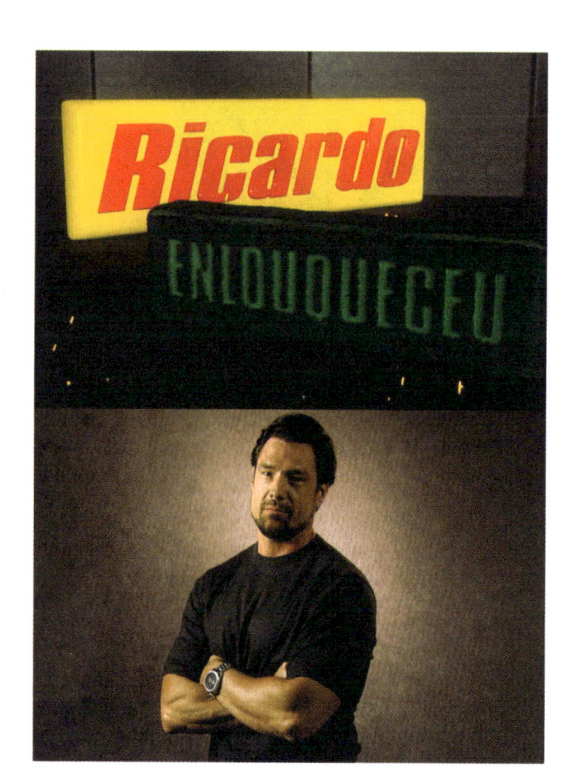

***>
Assista ao comercial com Ricardo Macchi no *Tá no Ar*.

Tá no Ar — Capítulo: # — PAG.:1

INT / FUNDO NEUTRO / NOITE

Corte fechado no rosto do ator Ricardo Macchi que fala direto para câmera, em tom de depoimento.

RICARDO MACCHI
Você me conhece. Sou Ricardo Macchi, um dos maiores atores da minha geração. Tornei o personagem Cigano Igor um marco da teledramaturgia brasileira. Hoje, estou ao lado de grandes nomes das artes cênicas, como Tony Ramos, Tarcísio Meira e Anthony Hopkins. Meu próximo passo é conquistar Hollywood e ganhar um Oscar.

CORTA PARA:

Entra cartela no estilo do comercial da loja Ricardo Eletro, em letras enormes, com efeito e sonoplastia de peso caindo.

LOCUTOR (V.O.)
O Ricardo enlouqueceu!

Tá no Ar — Capítulo: # — PAG.:1

EXT / ESTRADA DE TERRA / DIA

Um camponês está sentando em uma pedra fazendo um cesto de palha próximo a uma estrada de terra batida. Dom Pedro I marchando em seu cavalo branco se aproxima. Atrás de D. Pedro, alguns soldados o acompanham.

D. PEDRO I
Bom dia, amigo. Sabe onde é que eu posso declarar a independência por aqui?

Sem parar de fazer o cesto, o camponês espera D. Pedro acabar de perguntar para levantar a cabeça e responder com forte sotaque caipira.

CAMPONÊS
Hmmmmm, sei não. Pergunta lá nas margens do Ipiranga.

LOCUTOR (V.O.)
Margens do Ipiranga: apaixonados pela independência do Brasil.

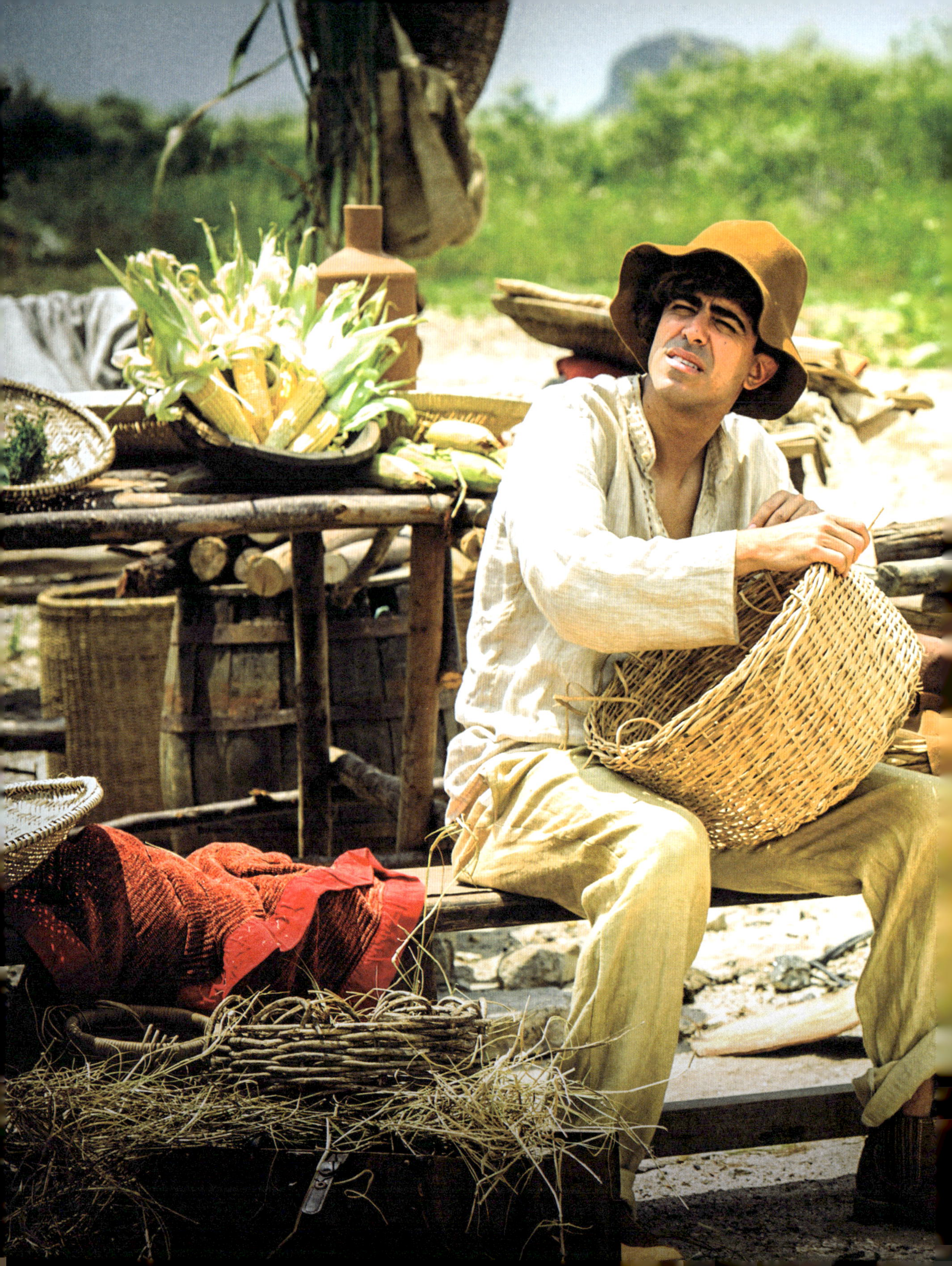

<***> Melhem durante a gravação do comercial Margens do Ipiranga. Veja a cena no QR Code ao lado.

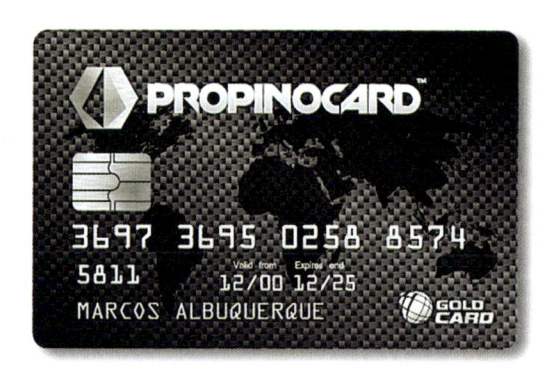

Os comerciais de cartões de crédito com suas maquininhas serviram para criticar os esquemas de propina entre políticos. O "Propinocard" é o cartão que facilita a vida de todo o corrupto, acabando com o transporte de malas de dinheiro vivo.

Em outro comercial, o "Açúcar Desunião" traz mensagens de discórdia na embalagem.

Comandada pela produtora de arte Camila Bevilaqua, e depois pelas produtoras Anna Helena Saicali e Adriane Lemos, a equipe de produção de arte desenvolve embalagens, produtos, brinquedos, logomarcas – um universo de adereços que constroem o realismo nas gravações. Algumas dessas criações são guardadas na redação como lembranças das cenas.

RÔMULO Multiação

MERCADÃO DO LOUVRE

mercado livre-se

 PaiTunes

descolar.com

uai zé

SUPER Bunder

mata leão

<***> Algumas das paródias de produtos e marcas criadas pela produção de arte do *Tá no Ar*.

MANO IMOBILIÁRIO
EX-TRETA
FOI ASSALTADO
PERCA SEU SALÁRIO
CASA VERDE
$ 0,40
GUAIANAZES
$ 0,45
REVÉS
ZICA
JABAQUARA
$ 0,75
PARELHEIROS
$ 0,60
JARAGUÁ
$ 2,30
CAMPO LIMPO
$ 1,80
CAPELA DO SOCORRO
$ 0,80
CIDADE TIRADENTES
$ 0,90
M' BOI MIRIM
$ 0,75
ARICANDUVA
$ 0,20
GUAIANASES
$ 0,45
BRASILÂNDIA
$ 0,50
CIDADE TIRADENTES
$ 1,30
FOI PARAR ATRÁS DAS GRADES
PERCA UMA RODADA
JAÇANÃ
$ 0,95
CAPÃO REDONDO
$ 0,60
GUAIANAZES
$ 0,75
CASA VERDE
$ 0,90
SAPOPEMBA
$ 1,30
JABAQUARA
$ 2,60
ITAQUERA
$ 0,45

WAR Glória Perez
EDIÇÃO ESPECIAL

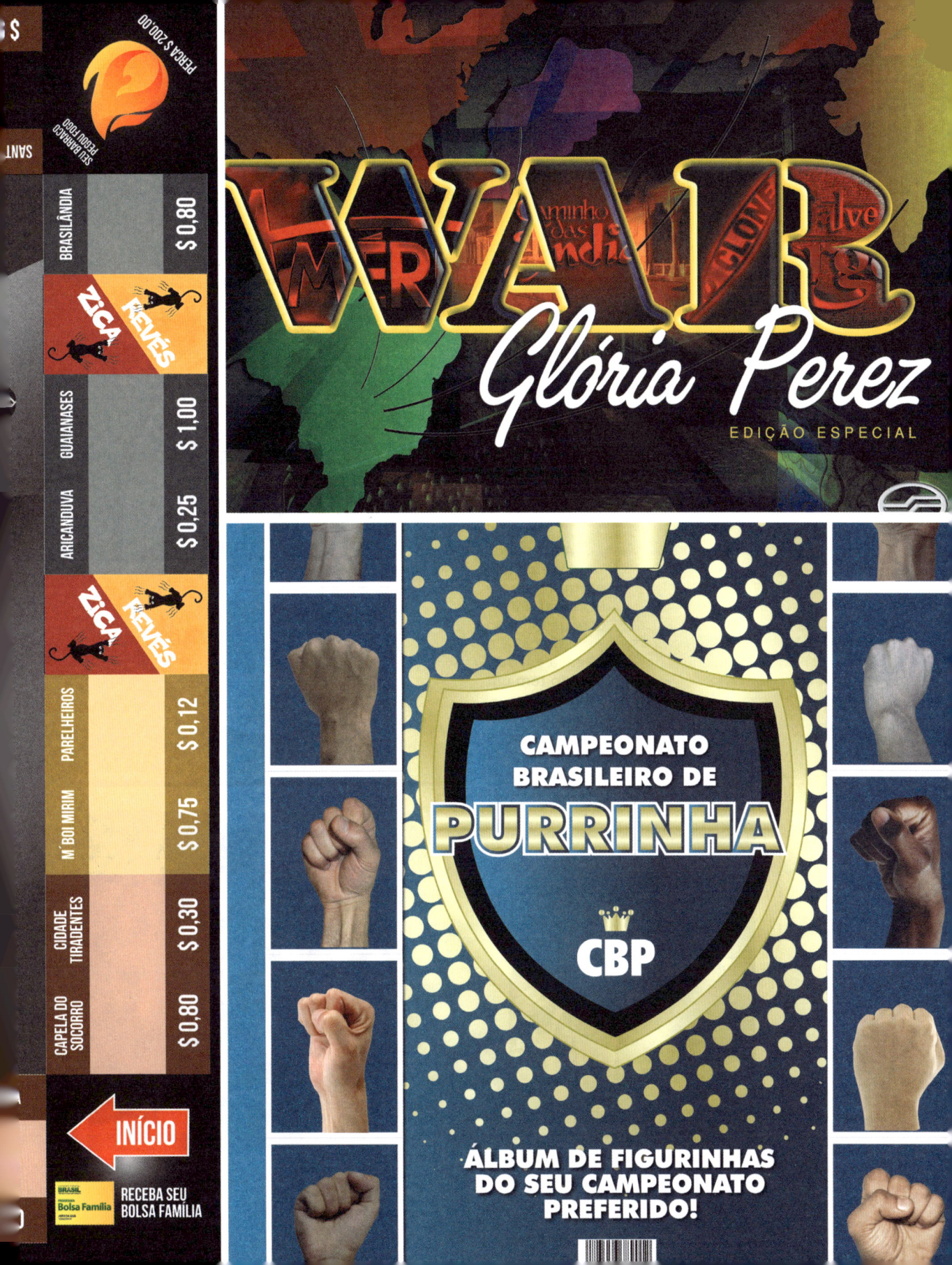

CAMPEONATO BRASILEIRO DE PURRINHA
CBP

ÁLBUM DE FIGURINHAS DO SEU CAMPEONATO PREFERIDO!

- BRASILÂNDIA — $ 0,80
- ZICA / REVÉS
- GUAIANASES — $ 1,00
- ARICANDUVA — $ 0,25
- ZICA / REVÉS
- PARELHEIROS — $ 0,12
- M BOI MIRIM — $ 0,75
- CIDADE TIRADENTES — $ 0,30
- CAPELA DO SOCORRO — $ 0,80

INÍCIO

PERCA $ 200,00 — SEU BARRACO PEGOU FOGO

RECEBA SEU BOLSA FAMÍLIA
Brasil — Programa Bolsa Família

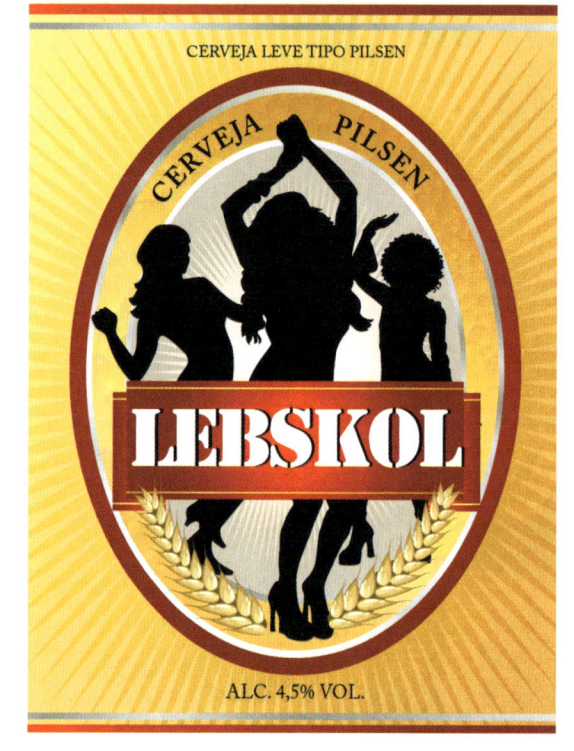

***>
As cervejas Lebskol – "porque homem de comercial de cerveja é muito babaca" – e Reaça – "todo mundo tem um lado reaça"–, que brincam com os clichês de propaganda de cerveja.

TODO MUNDO PEDE UMA REAÇA!

R$

REAÇA
TROPICAL ALE
PALE ALE BEER
ALC. 4.8% BY VOL.
12FL OZ (355ml)

***
A RELIGIÃO
A religiosidade é tanto um terreno fértil quanto minado. No *Tá no Ar*, o alvo da crítica é a exploração da fé, e não uma religião ou crença. É da natureza da comédia perseguir os temas espinhosos. No humor não existe o intocável.

Encerrando o sétimo episódio da primeira temporada, o programa parodiou o famoso seriado americano *Friends* ao criar sua versão evangélica, a série "Crentes".

Uma versão católica da Rede Globo deu margem para uma série de trocadilhos com sucessos da emissora. A "Reze Globo" anunciava em sua grade atrações adaptadas ao cristianismo.

O quadro "Barracos da Bíblia" satirizou atrações em que famílias buscam ajuda de especialistas e da apresentadora de TV para resolver questões pessoais. No *Tá no Ar* os conflitos envolvem os personagens bíblicos.

***>
Na página ao lado, veja parte do roteiro do seriado Crentes. E aqui assista à cena completa.

Raquel abre a porta, Jonas esta de uniforme escolar, visivelmente apertado nele, com uma mochila e um caderno na mão. Claque reage com gargalhadas e aplausos.

JONAS
Desculpa o atraso gente...

ROBOÃO
Mas que roupa é essa?

JONAS
Ué? Meu uniforme. A gente não vai pra escola dominical?

Roboão cai de joelhos no chão e levanta os braços pro céu.

ROBOÃO
Por que, Senhor? Por quê???

CORTAR PARA:

EXT / FONTE / NOITE

Os seis personagens estão sentados em uma fonte que fica na frente da igreja. Em algum momento Roboão está levantando a cabeça submersa de Jonas como se tivesse batizando ele. As cenas da fonte são cortadas por inserts dos personagens em atividades comuns: rezando, lendo a Bíblia, cantando. No final todos se abraçam.

MÚSICA

Só o Senhor que sabe o quanto eu orei
E pela fé eu pude
Chegar onde cheguei
O Evangelho sempre eu vou seguir
E assim a seta do mal
Jamais
Vai me possuir

Pago dízimo
(dez por cento para o pastor)
Pago dízimo
(dez por cento para o pastor)
Pago dízimo
(dez por cento para o pastor)

REZE

***>
Assista à vinheta da programação religiosa da "Reze Globo", com todos os sucessos da emissora em versões católicas.

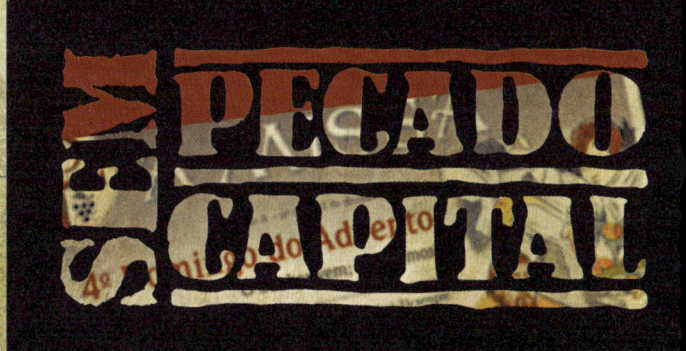

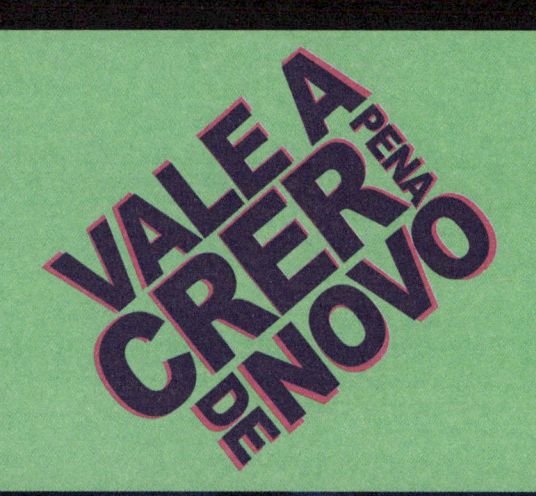

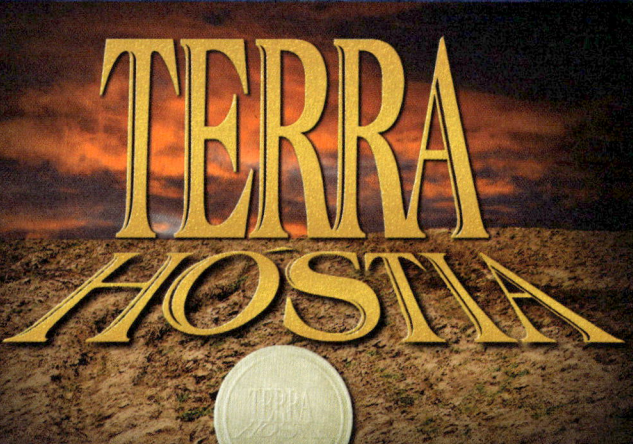

- Além do Templo
- Sem Pecado Capital
- Amor por a Deus
- Vale a Pena Crer de Novo
- Sim a Missa
- Nossa Senhora do Destino
- Padre Herói
- Terra Hóstia

MYRIAN
Pois é, mas isso aconteceu com a dona Noema que tá aqui com a gente hoje. Só que no caso da Noema não foi um cachorrinho não! Foi bem pior. Como foi isso dona Noema? Conta pra gente.

NOEMA
É verdade, Myrian. Aconteceu comigo. Esse homem aqui do meu lado não é homem não. É um bicho sujo Myrian! O Noé dorme com as porca myrian!

Plateia grita empolgada e Noé fica irritado. Aparece escrito na tela "meu marido é bicho, ele dorme com as porcas".

NOÉ
Durmo com as porca, porque as porca ronca de noite mas não perturba o meu juízo como essa mulher faz! Myrian, o que eu tô fazendo é um ato de bondade pra humanidade. Pra salvar os bichos do dilúvio que vem por aí!

MYRIAN
Para, para, para! Dilúvio? Que história de dilúvio é essa?!

NOEMA
Endoidou, Myrian! Lá na baixada Cananéia tá faltando água e ele fica construindo barco pra salvar os bicho da chuva! Passa o dia na janela dizendo que vai cair chuva! Isso tá que nem um velho gagá, Myrian. Eu não aguento mais. Eu quero pegar meus filhos e ir embora daquela casa. Vou deixa ele e os bicho dele!

Platéia vibra e aparece na tela "meu marido fez um barco no quintal. Vou embora dessa casa".

MYRIAN
Silêncio! Agora eu quero ouvir a opinião da nossa convidada, Dra. Letícia Brandão, especialista nesse tipo de assunto. Doutora, o que a senhora acha?

Corta para uma senhora bem arrumada no meio da plateia.

DRA. LETICIA
Bem Myrian, pra mim isso é um caso claro da síndrome sofrida por pessoas que podemos chamar de acumuladores compulsivos. No caso de Noé a compulsão foi pro lado dos animais.

NOÉ
Eu não sou acumulador coisa nenhuma! Eu recebi um recado de Deus!

BARRACOS DA BÍBLIA

104.

<***
A "Assembleia de Ateus" faz uma transposição de costumes aplicando os ritos tradicionais da Igreja a um discurso ateísta, brincando com religiosos e não religiosos.

Com dinâmica acelerada e enormes ofertas de produtos, um canal de televendas foi transformado em um mercadão de artigos religiosos: o "Poligod".

Já o comercial "Habino's" misturou o universo do fast-food com a cultura judaica. Veja a cena aqui:

INT / LANCHONETE FAST FOOD / DIA

Apresentador vestido com uniforme de funcionário de fast food, estilizado com traje de judeu ortodoxo, fala para a câmera. BG com a musica Hava Nagila em instrumental.

          APRESENTADOR
    Venha conhecer o Habino's. O fast food da
    família judaica. O único com cinco estrelas de
    Davi no Guia Michelinovitch!

Quando ele cita os pratos, fotos são mostradas na tela.

          APRESENTADOR (CONT.)
    Só aqui no Habino's você saboreia deliciosos
    piroguis, falafels, e shawarmas servidas num
    chalah quentinho...

Imagens de tomates, cebolas, alfaces sendo lavados e cortados. No final uma cenoura tem a ponta cortada por uma faca.

          APRESENTADOR (CONT.)
    Todos nossos legumes e verduras são totalmente
    higienopolizados e têm certificado kosher de
    acordo com a lei.

A imagem do combo remete aos combos tradicionais de fast food.

          APRESENTADOR (CONT.)
    E não perca nossa promoção: na compra do combo
    kebab, carnatzlach e milk shake de homus você
    ganha um gelfite fish.

Cliente e o gerente gesticulando atrás do balcão

          APRESENTADOR (CONT.)
    O preço, você negocia diretamente com o
    gerente!

Um casal com muitos filhos entram animados na lanchonete. Todos são judeus ortodoxos.

          APRESENTADOR (CONT.)
    Traga sua família e comemore bar mitzvahs,
    brit milás e aniversários no nosso shalom de
    festas.

Entra a assinatura com a logomarca do Habino's. A logo é uma paródia do Habib's em versão judaica. Volta para o apresentador dando uma embalagem na mão de um motoboy.

          APRESENTADOR (CONT.)
    Se preferir 'pesach' pelo telefone. Nossos
    'motogóis' entregam em Gaza.

106.

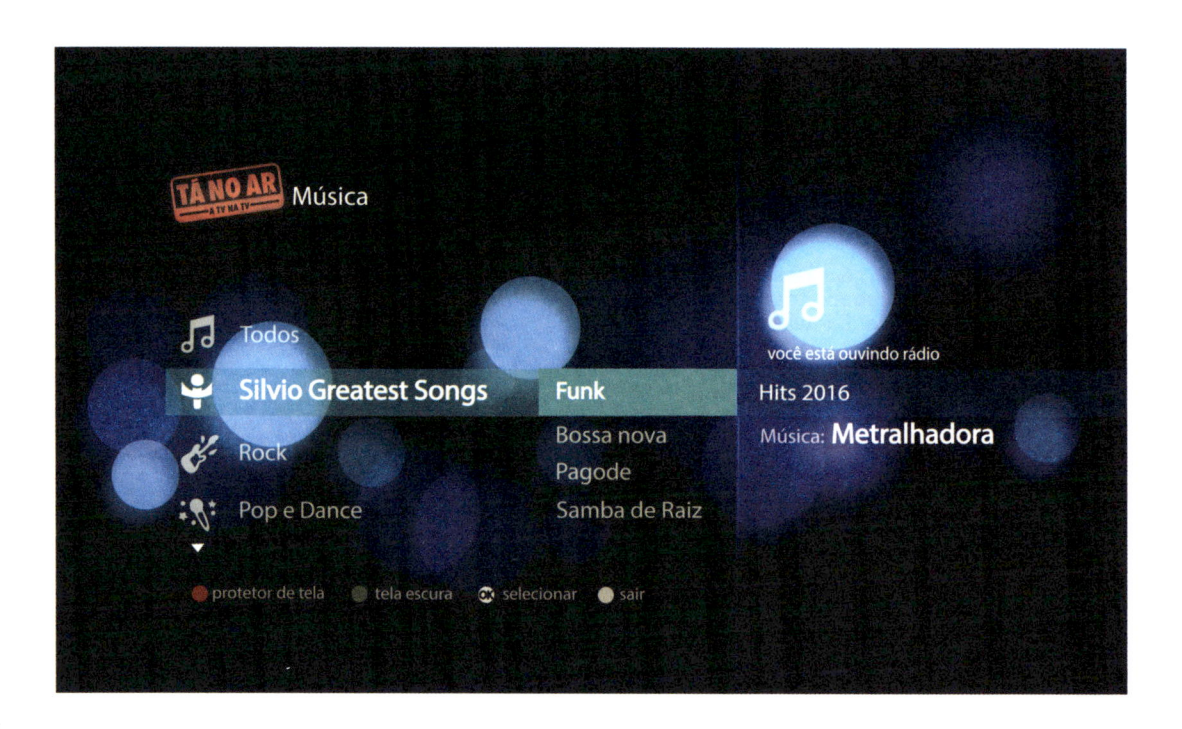

TÁ NO AR Música

- Todos
- **Silvio Greatest Songs**
- Rock
- Pop e Dance

- Funk
- Bossa nova
- Pagode
- Samba de Raiz

você está ouvindo rádio
Hits 2016
Música: **Metralhadora**

protetor de tela · tela escura · ok selecionar · sair

***>
Ouça todas as canções do canal Silvio Songs no QR code ao lado.

***
OS MUSICAIS

As canções do *Tá no Ar* são uma forma irreverente de lançar luz – seja por meio de paródias ou canções inéditas – sobre questões que às vezes não se encaixam em outros formatos televisivos. Para nortear a criação de diferentes estilos, o primeiro passo foi levantar contextos em que a música estava inserida na grade: videoclipes, shows, comerciais de DVD, programas de auditório, canais de áudio da TV a cabo, shows de calouros, reality shows... Em seguida, uma lista de ritmos e estilos contemplou a variedade musical. Nota-se o cuidado para manter a fidelidade ao gênero nos mínimos detalhes – como, por exemplo, nas legendas. A TV costuma usar o recurso para traduzir canções ou ensinar a letra ao telespectador. No *Tá no Ar*, os clipes só são legendados quando o estilo parodiado também é legendado, como nas canções da "Galinha Preta Pintadinha" e no DVD "China Só para Baixinhos".

Muitos videoclipes parodiados são superproduções que demandam um alto investimento de tempo e dinheiro. Para a direção e produção, seria um exercício de criatividade reproduzi-los sem extrapolar os custos. Já os canais de música se destacam por sua simplicidade. "Silvio Songs", com canções interpretadas por Silvio Santos, uma das imitações de Adnet, caiu nas graças do público. O quadro surgiu quando o ator enviou para o grupo de WhatsApp da equipe músicas cantadas na voz de Silvio. O passo seguinte foi gravar o áudio em estúdio e reproduzir por computação a tela das rádios de TV a cabo.

Para o encerramento do primeiro episódio, a direção criou uma linguagem que marcou a forma como os musicais seriam concebidos, misturando o contexto histórico – passado em Jerusalém – à estética de periferia, em cenários como uma quadra de basquete cheia de grafites.

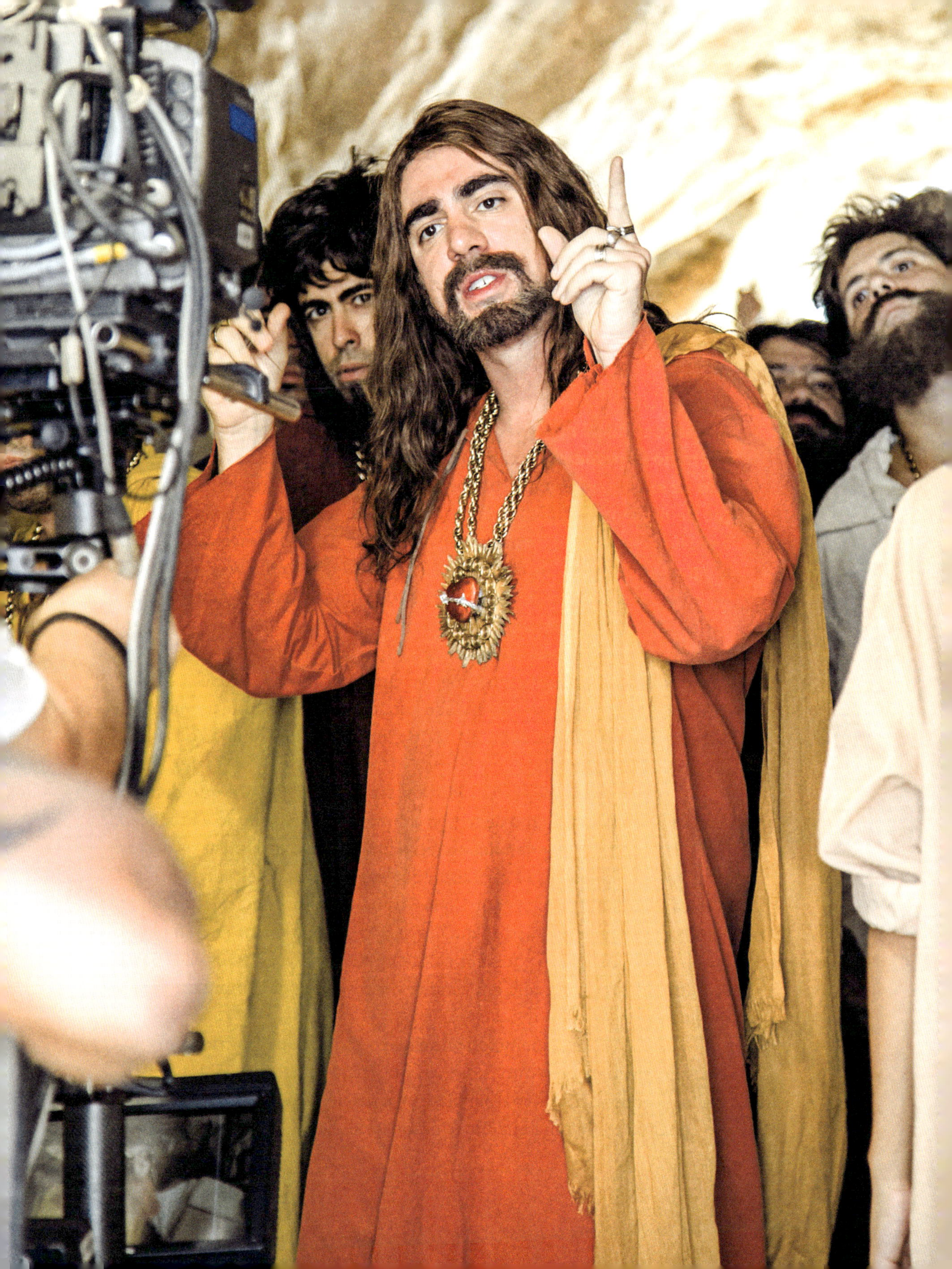

JC DE NAZARÉ

JESUS (PARTE FALADA)
ESSE SOM É PRA TODOS
IRMÃOS DA CANANEIA, FAIXA
DE GAZA, COHAB GALILEIA,
GRANDE JERUSALÉM,
ALÔ MORRO
DE GOLAN.

(COMEÇA A CANTAR)
PRA QUEM NÃO ME
CONHECE BEM
SOU NASCIDO EM BELÉM
NÃO TEM AÇAÍ OU CALYPSO
FICA EM JERUSALÉM
MENINO DA VILA, SOU CRIA
DAS RUAS, LADEIRAS
HUMILDE, DESCALÇO,
CONCEITUADO ENTRE OS
MANOS DA FEIRA

JESUS (PARTE FALADA)
ALÔ PRÍNCIPE SIMÃO
ANDRÉ PESCADOR
JOÃO AMADO
TIAGO MAIOR
FELIPE MÍSTICO
BARTOLOMEU VIAJANTE
TOMÉ O CÉTICO
MATEUS PUBLICANO
UM SALVE PARA
PRIMO JUDAS TADEU
SIMÃO CANANEU
TIAGO, O MENOR
E JUDAS ISCARIOTES

APÓSTOLOS (JUNTOS)
NÓS SOMOS OS APÓSTOLOS
AMIGOS ÍNTIMOS DE JOTA CÊ
SOMOS DISCÍPULOS
SEGUIDORES LEVANDO
A PALAVRA A VOCÊ

JESUS
CAMINHO SOBRE AS ÁGUAS
EQUIPAMENTO EU NÃO LEVO
MUITO ANTES DE SER MODA
EU FIZ STAND-UP PADDLE

TRANSFORMANDO ÁGUA
EM VINHO
SOU CHAMADO PRA
TODOS EVENTO
SE TEM POUCO PEIXE
EU MULTIPLICO OS ALIMENTOS

NÃO SOU DONO DO MUNDO
MAS SOU FILHO DO DONO
HUMILDE CARPINTEIRO

TODOS
ESTILO REI SEM TRONO

JESUS
OS ROMANO TÃO SUBINDO DE
ESPADA NA CINTURA

APÓSTOLO (FALA)
ESCONDE A MIRRA, SENHOR.

JESUS
QUE É HORA DA DURA

ELES SOBEM O MORRO
PRA ZOAR NOSSA QUEBRADA
ESCULACHA OS IRMÃO,
DANDO TAPA NA CARA
FIZERAM TUDO PRA QUE OS
MANO EU ENTREGASSE
COMIGO NÃO, TRUTA,
EU OFEREÇO A OUTRA FACE

APÓSTOLO I
SENHOR, TEM ALGO
QUE QUERIA LHE DIZER

JESUS
SAY WHAT? SAY WHAT?

APÓSTOLO II
QUE O SENHOR PRECISA
SABER

JESUS
HUN? HUN?

APÓSTOLO I
ACONTECE QUE UM DOS SEUS
IRMÃOS

APÓSTOLO II
CAGUETA, VACILÃO CAIU EM
TENTAÇÃO

APÓSTOLO I
E TÁ DE JUDIARIA,
TÁ DE JUDIAÇÃO

JESUS
TÁ TRANQUILO, EU JÁ SABIA
MEU DESTINO TÁ TRAÇADO
MINHA VOZ NINGUÉM CALA
NEM CRUCIFICADO

NÃO TEM COROA DE ESPINHO
NEM PREGO PRA ME PARAR
QUANDO A CASA CAIR
TÁ LIGADO, EU VOU VOLTAR!

<***
Assista ao clipe
e acompanhe a
letra cantando
com Jesus e
os apóstolos.

HOJE É QUALQUER
DIA

HOJE É QUALQUER DIA
EM QUE AGENTE JUNTA
UM MONTE DE ATOR

EU SORRIO
PRA QUEM EU NÃO G̶
OU NEM A̶P̶A̶R̶E̶C̶E̶
PRA APARECER

QUEM É DE N̶
M PRIORIDAD̶
NO FUNDO
EM FAZ HUMO̶

ESSA TESTA É S̶

DE ̶

VOU DAR U̶
NA REGINA
PRA APARECE

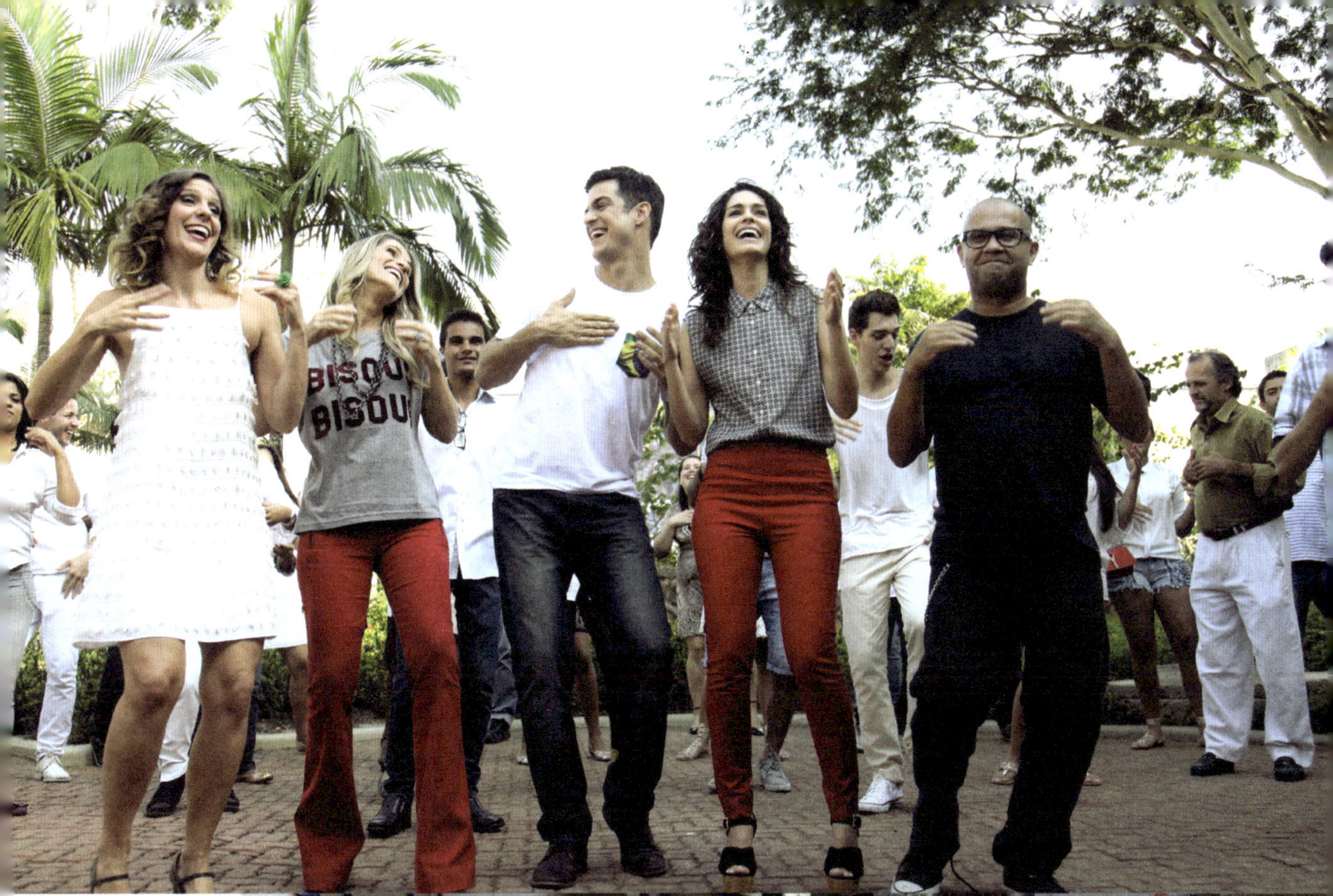

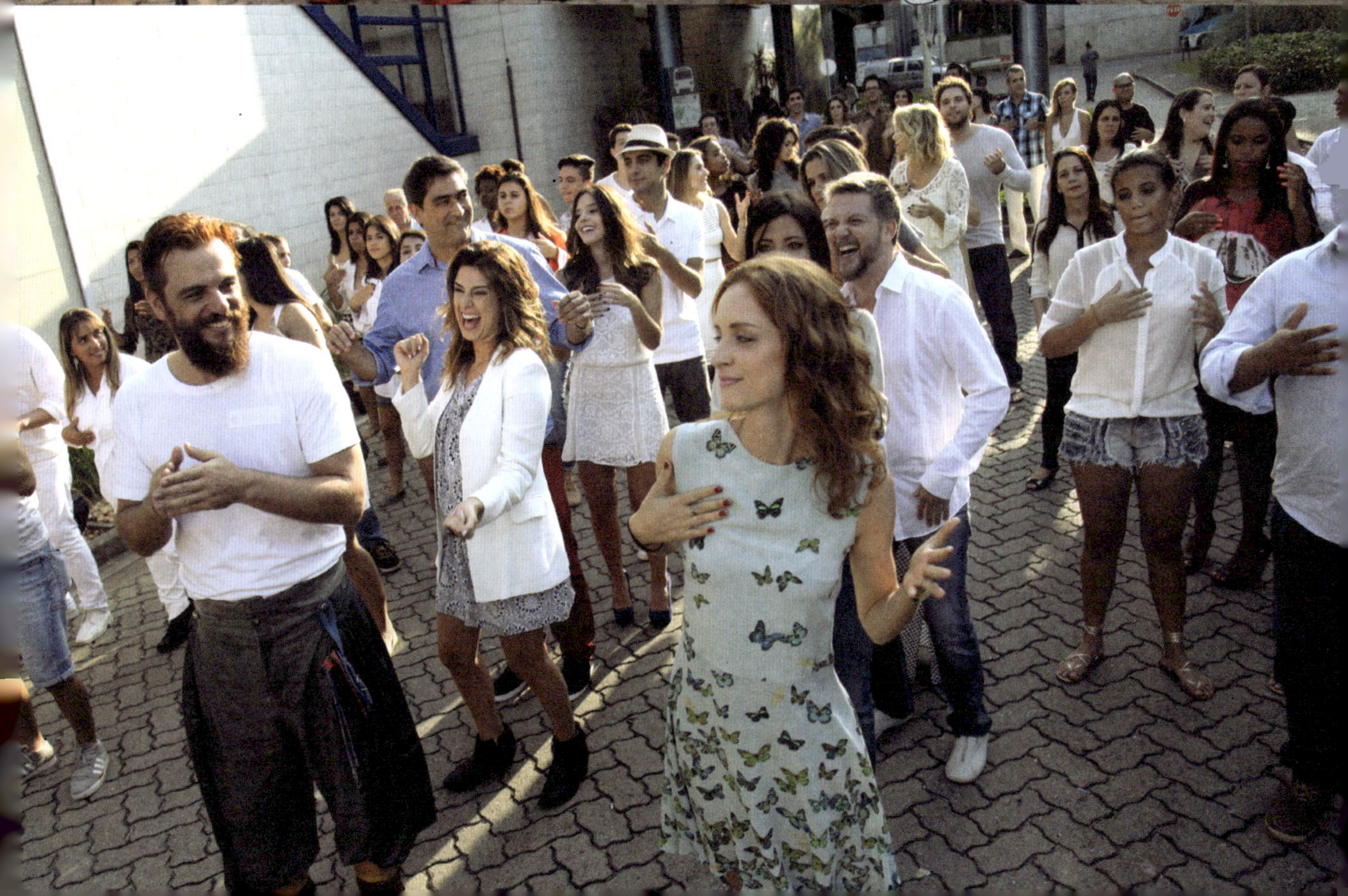

HOJE É QUALQUER DIA

*HOJE É QUALQUER DIA
EM QUE A GENTE JUNTA
UM MONTE DE ATOR
EU SORRIO PRA QUEM
EU NÃO GOSTO
OU NEM CONHEÇO
PRA APARECER*

*QUEM É DE NOVELA
TEM PRIORIDADE
LÁ NO FUNDO
QUEM FAZ HUMOR
SE ESSA TESTA É SUA
SE ESSA ORELHA É NOSSA
NÃO SEI DE QUEM É
DE QUEM QUISER*

*VOU DAR UM ABRAÇO
NA REGINA DUARTE
QUE É PARA APARECER
VÃO ME ESCONDER*

*OLHA, É MEIO-DIA
O SOL A PINO
TÁ O MAIOR CALOR
A COREOGRAFIA É ESQUISITA
E COMPLICADA
NINGUÉM PEGOU*

*QUEM GRAVOU A MÚSICA
FOI UM CORAL
A GENTE LEU A LETRA
E SÓ DUBLOU*

*SE ESSA TESTA É SUA
SE ESSA ORELHA É NOSSA
NÃO SEI DE QUEM É
DE QUEM QUISER*

*CONTRATO ACABANDO
AGARRA O SOLANO
RENOVA OUTRO ANO
CÂMERA AFASTANDO*

*TODO ESSE CLIMA
SÓ PARA DIZER
QUE A GENTE QUER VOLTAR
TÁ NO AR*

Uma paródia da chamada de fim de ano da Globo marcou o encerramento da primeira temporada do *Tá no Ar.* A direção de Farias reconstruiu fielmente o clipe da música "Hoje é um novo dia", que reúne as maiores estrelas da emissora.

No clipe original, uma das principais ruas dos Estúdios Globo foi interditada para a execução da coreografia. Fazer isso em uma terça-feira à tarde significava provocar um pequeno caos nos estúdios, com direito a engarrafamento de carrinhos elétricos. A equipe não tinha à disposição todo o elenco da emissora. O jeito seria contar com a ajuda dos amigos. Aos poucos, uma trupe de artistas foi chegando à gravação de "fim de ano", em pleno mês de abril. Os convidados chamavam outras estrelas para a cena, que aos poucos foi ganhando grandes proporções. Cada vez que a paródia tocava no playback, o elenco ia ao delírio. Afinal, não é todo dia que se tem a chance de brincar com a empresa em que trabalha sem correr o risco de perder o emprego.

Já o "Jingle Eleitoral Sincero" contou a verdadeira história por trás de uma campanha política. A cena recebeu milhares de acessos, ultrapassando até os conteúdos relacionados às novelas, geralmente os mais vistos.

JINGLE ELEITORAL SINCERO

UM ATOR NEGRO OLHA PRO CÉU
COM AR DE ESPERANÇA
UM ÍNDIO, UMA CATARINENSE, CORTA
PRA UMA JAPONESA CRIANÇA
O CANDIDATO QUER PASSAR A IMAGEM
DE QUE É AMADO POR TODA A GENTE
COLOCA CHAPÉU DE ENGENHEIRO E
APONTA PRA FRENTE

ASSINA UM DECRETO DE MENTIRA QUE
NA VERDADE É UM PEDAÇO DE PAPEL
DOBRA A MANGA DA CAMISA, SE SENTE
DO POVO, VAI COMER PASTEL
ELE CIRCULA NUMA PICAPE
PELA PERIFERIA
ACENA PARA O POVO DO ALTO
COMO SE FOSSE UM MESSIAS

CERCADO DE ASSESSORES
PAPAGAIOS DE PIRATA E DE
SUA MULHER DE FACHADA
NA VERDADE ELE NAMORA O
CARECA À ESQUERDA, ATRÁS
DO CARA DE BARBA QUE TÁ
COM A CARA EMBURRADA

ELE COME PELA PRIMEIRA
VEZ NO BANDEJÃO ESCOLAR
ELOGIA A COMIDA QUE SEUS FILHOS
NUNCA VÃO PROVAR
PRA FICAR FOFO ENTRA CORO
DE ADULTOS CANTANDO
COM VOZ DE CRIANÇA
UMA SENHORA PERDE A LINHA
E PRA CÂMERA DANÇA
ELE COLA ADESIVO NO PEITO
DE SENHORAS CARENTES
ABRAÇA PESSOAS ALEATORIAMENTE

ESTÁ NO MEIO DO POVO
COM TODA ESSA CONFIANÇA
SÓ PORQUE ESTÁ PROTEGIDO
POR POLICIAIS QUE FAZEM
BICO DE SEGURANÇA
BEIJA BEBÊS NO COLO DAS MÃES
ABRAÇA GENTE SUADA,
TIRA FOTOS NO CELULAR
AGORA A MÚSICA VAI SUBIR
PARA TE EMOCIONAR

TODOS OS FIGURANTES BALANÇAM
AS BANDEIRAS PELO AR
POR DEZ REAIS FAZEM COREOGRAFIA
E FINGEM SE IMPORTAR
CÂMERA LENTA, PAPEL PICADO,
ABRAÇO FORÇADO
UMA MONTAGEM FAZ
APARECER O VICE DO SEU LADO

ELES NUNCA NEM SE ENCONTRARAM
A FOTO É FEITA POR COMPUTADOR
AGORA VAI PISCAR
O NÚMERO PARA O ELEITOR
NÚMERO / NÚMERO / NÚMERO /
NÚMERO / NÚMERO ESQUEÇA TUDO
QUE EU ROUBEI, MAS NÃO ESQUEÇA
MEU NÚMERO

LOCUTOR
VOZ GROSSA TRAZ CREDIBILIDADE PARA
A FALSA PROPOSTA NÚMERO 1, FALSA
PROPOSTA NÚMERO 2, E UMA GRANDE
PROMESSA INCUMPRÍVEL.
UMA COLIGAÇÃO FORMADA POR VÁRIOS
PARTIDOS QUE NÃO ESTÃO NEM AÍ PARA
A PROPOSTA E APENAS INTERESSADOS
EM ALGUM CARGO NESSE GOVERNO
CASO O CANDIDATO SE ELEJA.

<***
Escaneie o código ao lado e assista ao "Jingle Eleitoral Sincero".

G.R.E.S. UNIDOS DO AMARELO & CINZA

VEIO DA ESQUINA
DO DINHEIRO DA CONTRAVENÇÃO
QUAL É O BICHO QUE DEU?
EXPLODE CAÇA-NÍQUEL DE EMOÇÃO!
UM GRITO SE ESPALHA PELO AR
NUM ENREDO PATROCINADO
CLOSE NA BUNDA COM REPLAY
PRA DISFARÇAR
QUE O DINHEIRO NÃO FOI DECLARADO

E O TRÁFICO DE ARMAS
VEM BANCANDO O ABRE-ALAS
E O CARRO DOS FELINOS
VEM DO BINGO CLANDESTINO
SÓ NA SAIA DAS BAIANAS
TEM DINHEIRO DAS BAGANAS
E A COMISSÃO DE FRENTE
É PURA PURPURINA E PÓ

NOSSO PATRONO NÃO VEIO
POR MOTIVOS DE FORÇA MAIOR
(ALÔ, BANGU 3)
DEIXOU NO COMANDO O SEU PRIMO
QUE SEMPRE SEGURA O B.O.
(PORQUE É "DE MENOR")

E O MEU RIO DE PREÇOS DIVINAIS
SUPERFATURA NOSSOS CARNAVAIS
E UMA PSEUDOCELEBRIDADE
FAZENDO JURAS DE AMOR À COMUNIDADE

FESTA DA HIPOCRISIA
CAMAROTE LADO A LADO
O POLÍTICO E O BICHEIRO
CELEBRANDO ABRAÇADOS

TEM QUIZUMBA NA BUFUNFA
MULATA FENOMENAL
INCENTIVANDO O TURISMO SEXUAL

No ano seguinte, o *Tá no Ar* fez sátira com uma das maiores tradições culturais brasileiras: o Carnaval. A segunda temporada começava na semana da festa. Os roteiristas imaginaram como seria uma letra que falasse sinceramente sobre o mundo das escolas de samba de maneira crítica, lançando mão da estética dos desfiles.

Mulatas, passistas, bateria, mestre-sala, porta-bandeira... Todo o cenário da tradicional vinheta de apresentação dos sambas-enredo foi recriado na apresentação da "G.R.E.S. Amarelo e Cinza". Para dar realismo, Maurício Rizzo e Georgiana Góes tiveram aulas para aprender os passos de um mestre-sala e de uma porta-bandeira. Renata Gaspar, no papel de rainha de bateria, foi orientada por uma passista profissional. Welder Rodrigues teve o corpo pintado de tigre-de-bengala para compor a ala dos felinos. Só de pintura e caracterização foram mais de seis horas. O ator passou três dias seguidos sujando os lençóis de tinta dourada e glitter.

<***
Aprenda a letra do samba-enredo da Amarelo e Cinza e assista ao clipe no QR code.

Fechando a segunda temporada, no ano em que a TV Globo completava 50 anos, o *Tá no Ar* fez do seu último episódio uma homenagem à emissora, resgatando nas zapeadas trechos de programas históricos e coberturas jornalísticas que marcaram seu meio século. A equipe escolheu "Brasil" – de Cazuza, George Israel e Nilo Roméro – sucesso na voz de Gal Costa e trilha da novela *Vale Tudo*. O contexto político original da canção era o cenário perfeito para críticas sobre a nossa televisão, atacando o "vale-tudo" pela audiência. A regravação ganhou a forte interpretação da cantora Simone Mazzer.

Na abertura da terceira temporada, o programa colocou na pauta o famoso jeitinho brasileiro. "O que é, o que é?", clássico da MPB cantado por Gonzaguinha, que exalta a alegria de viver, foi transformado em uma ode à esperteza nossa de cada dia, jogando luz sobre as pequenas corrupções que cometemos aqui e ali.

***>
Com seu celular veja o clipe "Jeitinho Brasileiro".

*NÃO NOS COLOCARAM
NO HORÁRIO NOBRE
PORQUE O NOSSO GALÃ É O ADNET
PORQUE NA TV
PARA DAR IBOPE
TEM QUE SER MALHADO E EMAGRECER
TEM QUE TER ANÕES
EM PROGRAMAS BIZARROS
OU VIRAR HERÓI REFORMANDO CARROS
BOTA BEIJO GAY
E MULHER PELADA
OU UM PASTOR REZANDO UM COPO D'ÁGUA*

*BRASIL
A TV NÃO PARA
ATÉ DE MADRUGADA
TÃO TIRANDO SEU DINDIM*

*BRASIL
FOFOCA DOS FAMOSOS
BOATOS DUVIDOSOS
SEMPRE FOI ASSIM*

*EU JÁ VI JOGAREM
BACALHAU EM POBRE
E DEBATE EDITADO PRA ME CONVENCER*

*ANTES DO HD
TODA ATRIZ ERA NOVA
AGORA A PLÁSTICA, DÁ PRA PERCEBER*

*VI CELEBRIDADE PERDER PESO NO FANTÁSTICO
NÃO ME CONFINARAM
NUM REALITY SEM FIM
VI TV NASCER BANCADA POR DÍZIMO
CORRENDO ATRÁS PRA PASSAR O PLIM-PLIM*

*BRASIL
MAIS DE CEM CANAIS
E A GENTE AINDA QUER MAIS
DO BOM E DO RUIM*

*BRASIL
A TV É UM NEGÓCIO
QUE VIVE DO TEU ÓCIO
SE LIGA EM MIM
SE LIGA EM MIM
BRASIL!*

É A VIDA (CORROMPIDA)

EU DEIXO UMA CERVEJA QUE É PRA
NÃO PAGAR FIANÇA
É A VIDA! CORROMPIDA E
CORROMPIDA! (NO GORÓ!)

BEBER E OLHAR NO TWITTER ONDE TEM BLITZ
FURAR E CORTAR E ULTRAPASSAR
PELO ACOSTAMENTO E FINGIR QUE NÃO FIZ
(AI, MEU DEUS)

A LEI DIZ QUE QUANDO ENTRAR UM IDOSO
TENHO QUE LEVANTAR (DAR LUGAR)
MAS FINJO QUE NÃO VEJO A VELHINHA
FECHO O OLHO, DOU AQUELA DORMIDINHA

E A FILA? NÃO IMPORTA QUAL É, FURA LÁ, MEU
IRMÃO! VAI FICAR DE BOBEIRA ESPERANDO UM
TEMPÃO? É TUDO UMA ESCULHAMBAÇÃO

NO AMARELO? PRA AVANÇAR MAIS DOIS
METROS FECHA UM CRUZAMENTO
PEGA A VAGA QUE FOR NO ESTACIONAMENTO
FAZ RETORNO NA CONTRAMÃO

JÁ ROUBARAM MEU CELULAR, ACHEI
UM ABSURDO! COMPREI OUTRO NUM
CARA QUE ARRANJA DE TUDO
NINGUÉM SABE DE ONDE ESTÁ VINDO
EU ME FAÇO DE SURDO
É O ESQUEMA DO VENDEDOR
TÔ NEM AÍ QUEM É O FORNECEDOR

VOCÊ DIZ QUE NÃO É PRA FAZER
MAS FAZ GATO NA SUA TV
NÃO DECLARA O QUE MANDA TRAZER
SÓ VÊ FILME PIRATA NO SEU DVD

NÃO ASSINA A CARTEIRA DA MOÇA
QUE LAVA A LOUÇA E FAZ O CAFÉ
DOU MEU JEITO PRA TUDO NA VIDA
SE TÁ RUIM, SALVE-SE QUEM PUDER

EU DOU CARTEIRADA, FALSIFICO MEIA ENTRADA
MEU PADRINHO É FORTE,
AGITA ATÉ PASSAPORTE
SE EU BEBO E RODO E O BAFÔMETRO APITA
EU DEIXO UMA CERVEJA QUE É PRA
NÃO PAGAR FIANÇA É A VIDA,
É CORROMPIDA E CORROMPIDA

A observação de um comportamento nas redes sociais inspirou "Spoiler", clipe que rendeu uma das maiores repercussões do *Tá no Ar*. O termo, que vem da palavra inglesa *spoil* (estragar), é usado para nomear a ação de antecipar um acontecimento de um filme, seriado ou novela. Em bom português, dar um *spoiler* significa ser o famoso desmancha-prazeres. Com frequência, o assunto gera debates acalorados nas redes sociais entre os que não conseguem acompanhar suas séries preferidas na velocidade em que são exibidas; e aqueles que conseguem e acabam comentando na internet o que assistiram. Em uma das tardes na redação, um dos roteiristas cantarolou a frase "Vou te dar um spoiler, spoilerrrrrr", na melodia de "Royals", da neozelandesa Lorde. Em cima do refrão, a equipe escreveu o restante da música.

Uma curiosidade marcou os bastidores do clipe. Na véspera da gravação, a letra precisou ser alterada porque um dos versos da música dizia que "*Chatô* não tem spoiler", em referência à cinebiografia de Assis Chateaubriand, que demorou mais de uma década para ser lançada. Ironicamente, uma semana antes do musical ir ao ar, o filme estreou e a frase deixou de fazer sentido. Enfim no cinema, *Chatô* também tinha *spoiler*. A informação escolhida para substituir a original tirou muita gente do sério: Kylo Ren matou o pai dele, Han Solo, no então recém-lançado *Star Wars: O despertar da Força*, que na época ainda estava nos cinemas. Não foi por falta de aviso. "Se não gosta de spoiler, é melhor sair daqui porque vem mais um..." O programa recebeu tanto elogios dos fãs quanto xingamentos dos que descobriram surpresas de filmes e seriados – como o diretor João Gomez, que recebeu o *spolier* de *Star Wars* enquanto dirigia o clipe.

SPOILER

VOU TE CONTAR UM SPOILER
DO BREAKING BAD,
DO FINAL DO LOST *EU VOU FALAR*
E DO GAME OF THRONES

PORQUE FORA O ANÃO E A KHALEESI
DE MANEIRA BRUTAL, TODO MUNDO MORRE:
ROBERT BARATHEON, JOFFREY, RENLY
VISERYS TARGARYEN, ROBB STARK, NED STARK
TALVEZ JON SNOW, TYWIN LANNISTER
FURARAM OS OLHOS DO OBERYN

NA ILHA DE LOST *TEM FUMAÇA PRETA*
DHARMA É UMA ESCOTILHA
FLASHBACK, FORWARD
ALGUÉM RODA A ILHA

NADA IMPORTA
A GALERA JÁ TODA MORTA

VOU TE CONTAR UM SPOILER
(SPOILER)
A ZOE BARNES MORRE NO METRÔ
FOI O FRANCIS QUE EMPURROU
COM O SEGURANÇA ELE TRANSOU

E SE NÃO GOSTA DE SPOILER
(SPOILER)
É MELHOR SAIR DAQUI
PORQUE VEM MAIS UM
(MAIS UM, MAIS UM, MAIS UM)
O CHAVES É O CHAPOLIN

OH OH OH
(OH!) (OW!)
OH OH OH

BRUCE WILLIS TAVA MORTO O TEMPO TODO
PERPÉTUA GUARDA O PÊNIS DO MARIDO...
NUMA CAIXA

E QUANDO O TITANIC NAUFRAGOU
DICAPRIO CONGELOU
MAS CABIA NA TÁBUA

NO HARRY POTTER, TIME GRIFINÓRIA
GANHA O QUADRIBOL, JOGAÇO DO
HARRY 30 A 20
E O DUMBLEDORE MORRE
NO FIM DO LIVRO SEIS

NO CÉU TEM PÃO? SIM
LUA DE CRISTAL, SÉRGIO MALLANDRO
VIRA PRÍNCIPE.
BETTY, A FEIA, FICA GATA NO FINAL

E NO RUPAUL'S 6 BIANCA DEL RIO
VENCE A DRAG RACE

KYLO MATOU O HAN SOLO
(SOLO)
PAI PROCURANDO O NEMO ACHOU
O NORMAN BATES DE MÃE MATOU
EM HOMELAND, BRODY ENFORCOU

E SE NÃO GOSTA DE SPOILER
(SPOILER)
É MELHOR SAIR DAQUI
PORQUE VEM MAIS UM
(MAIS UM, MAIS UM, MAIS UM)
WALTER WHITE MORRE NO FIM.

<***
Veja quantas vezes quiser o clipe *Spoiler*, que encerrou o segundo episódio da terceira temporada.

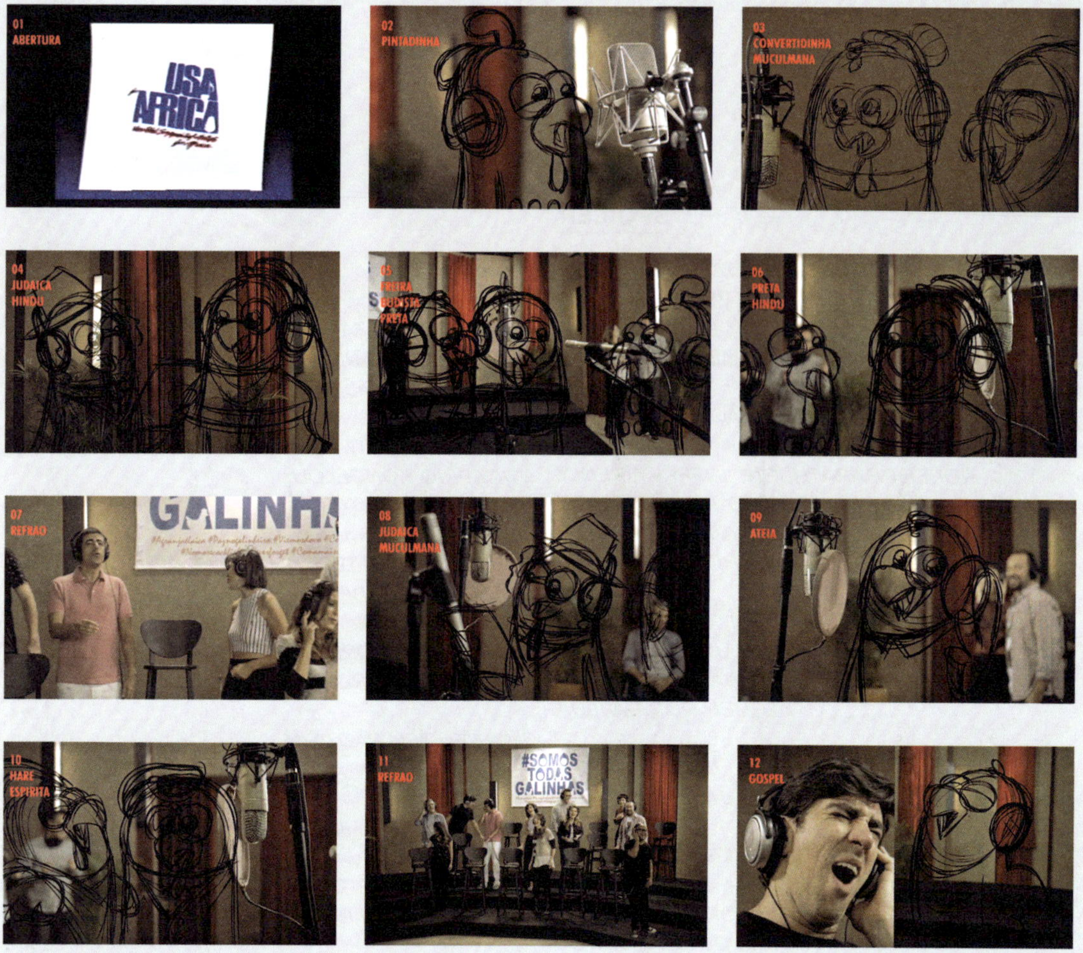
01
ABERTURA
USA AFRICA
02
PINTADINHA
03
CONVERTIDINHA
MUCULMANA
04
JUDAICA
HINDU
05
FREIRA
BUDISTA
PRETA
06
PRETA
HINDU
07
REFRAO
08
JUDAICA
MUCULMANA
09
ATEIA
10
HARE
ESPIRITA
11
REFRAO
#SOMOS TODAS GALINHAS
12
GOSPEL

#SOMOS
TODAS
GALINHAS

Para atender a variada demanda musical, Farias trouxe para a equipe o experiente produtor musical Márcio Lomiranda, que trabalhou com artistas como Zélia Duncan, Alceu Valença, Ney Matogrosso, Marina Lima, Cássia Eller, Leila Pinheiro, entre outros. Dentro de seu estúdio, o homem de porte avantajado sempre vestido de preto, com dezenas de tatuagens e visual de roqueiro, Lô – como é carinhosamente chamado pela equipe do *Tá no Ar* – aparentemente seria a última pessoa a se divertir com clássicos infantis cantados por uma galinha de voz aguda. Para a nossa sorte, ele gostou da proposta e foi o responsável por criar todas as bases melódicas dos clipes, musicais, paródias, e ainda compor toda a trilha incidental que dá vida às cenas.

<***
Na página ao lado, o storyboard com os primeiros esboços do clipe *We Are the Egg,* que reuniu galinhas de todas as religiões. Em seguida, os desenhos inseridos por computação, ainda sem tratamento.

Abaixo, imagem do clipe finalizado, com correção de luz e texturas, integrando o desenho ao cenário real.

APRENDA A DAR NOTÍCIAS DELICADAS EM FORMA DE MUSICAL

1. PAI, BATI COM SEU CARRO - RUBENS SILVA
2. TRAIÇÃO - VANIA ORTEGA
3. DESPEDIDA - WAGNER (ISABELLA REMIX)
4. DESPEJO - ADRIANO CALAZANS
5. VOCÊ ESTÁ FALIDO - FILIPINHO
6. AGORA JÁ ERA - MOISES CUNHA
7. SUA CONTA ESTÁ ZERADA - IVONETE
8. ÚLTIMO A SABER - WAGNER (7" MIX)
9. DEMISSÃO - ADRIANO CALAZANS
10. SUA MÃE - CHICO FREITAS
11. ADEUS - GRUPO ALEGRIA (CHILL REMIX)
12. CORNO MANSO - OS CONFUSOS (SAN TELMO MIX)

LEGIÃO UMBANDA

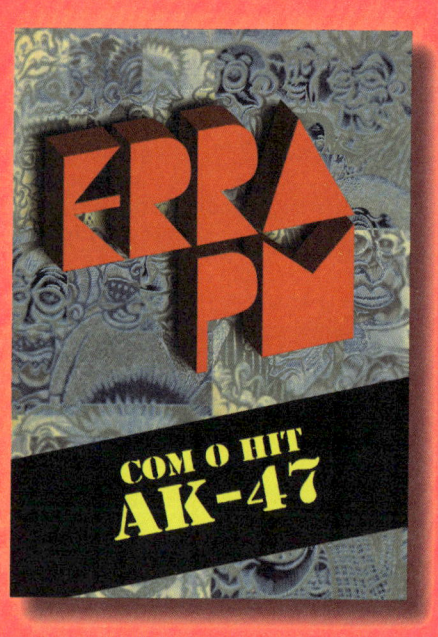

EMOJI *Luana*

FRRPM COM O HIT AK-47

CHINA SÓ PARA BAIXINHOS — VOLUME 2 - ESCRAVOS DE M...
MAIS UM PRODUTO YAKISOBA RECORDS

CHINA SÓ PARA BAIXINHOS — VOLUME 1 - CINCO CHINESINHOS
MAIS UM PRODUTO YAKISOBA RECORDS

TEMPORADA 1

E1. Hip-hop de Jesus

E2. Maiores hits de cursinho pré-vestibular

E3. Jingle eleitoral que só fala a verdade

E4. Bossa in Rio

E5. Campanha política de 1822 de D. Pedro I

E6. MPB 2.0 versão atualizada de "Conversa de botequim"

E7. Tema de abertura da série *Crentes*

E8. Pagode "A lua" – Trigonometrinho

E9. Paródia do musical final de ano da Globo

TEMPORADA 2

E1. Samba-enredo da escola de samba Amarelo e Cinza

E2. Marchinhas do bloco Cordão da Coisa Preta

E3. Clipes de funk soviético – MC Nikita – Show da Perestroika

E4. MTVINDIO – Música: Raio de Tupã

E5. DVD *China só para baixinhos*

E6. Sertanejo universitário – Intoxicadinha

E7. Refrão chiclete

E8. DVD *Legião Umbanda*

E9. Coletânea de músicas para dar notícias tristes

E10. Paródia abertura *Vale Tudo*

TEMPORADA 3

E1. "É a vida, corrompida e corrompida"

E2. *Spoilers*

E3. DVD *Coletânea ERRA PM*

E4. Samba-enredo iPhone 4

E5. Emoji

E6. Axé da ioga

E7. Show da cantora Adriana Partidin

E8. Chico Buarque de Orlando – Maiores sucessos da música popular de direita

E9. Martinho Lutero da Vila

E10. Ebó in Rio

E11. Bossa velha

E12. We Are the Chicken

TEMPORADA 4

E1. Faber Cartel

E2. Ocupa School Music

E3. Hip-hop Figurantes

E4. Sertanejo de Fronteira

E5. Curtida é *like*

E6. Carnaval da Galinha 2017

E7. Hino de futebol

E8. Sertanejo revolucionário

E9. Como é bom ser gay

E10. Embolada publicitária

E11. Musicais censurados

LED-ZÉ-PILINTRA

Carlinho Umbral

EU

OGUNS · N · ROSES

Ebó in Rio
VOU

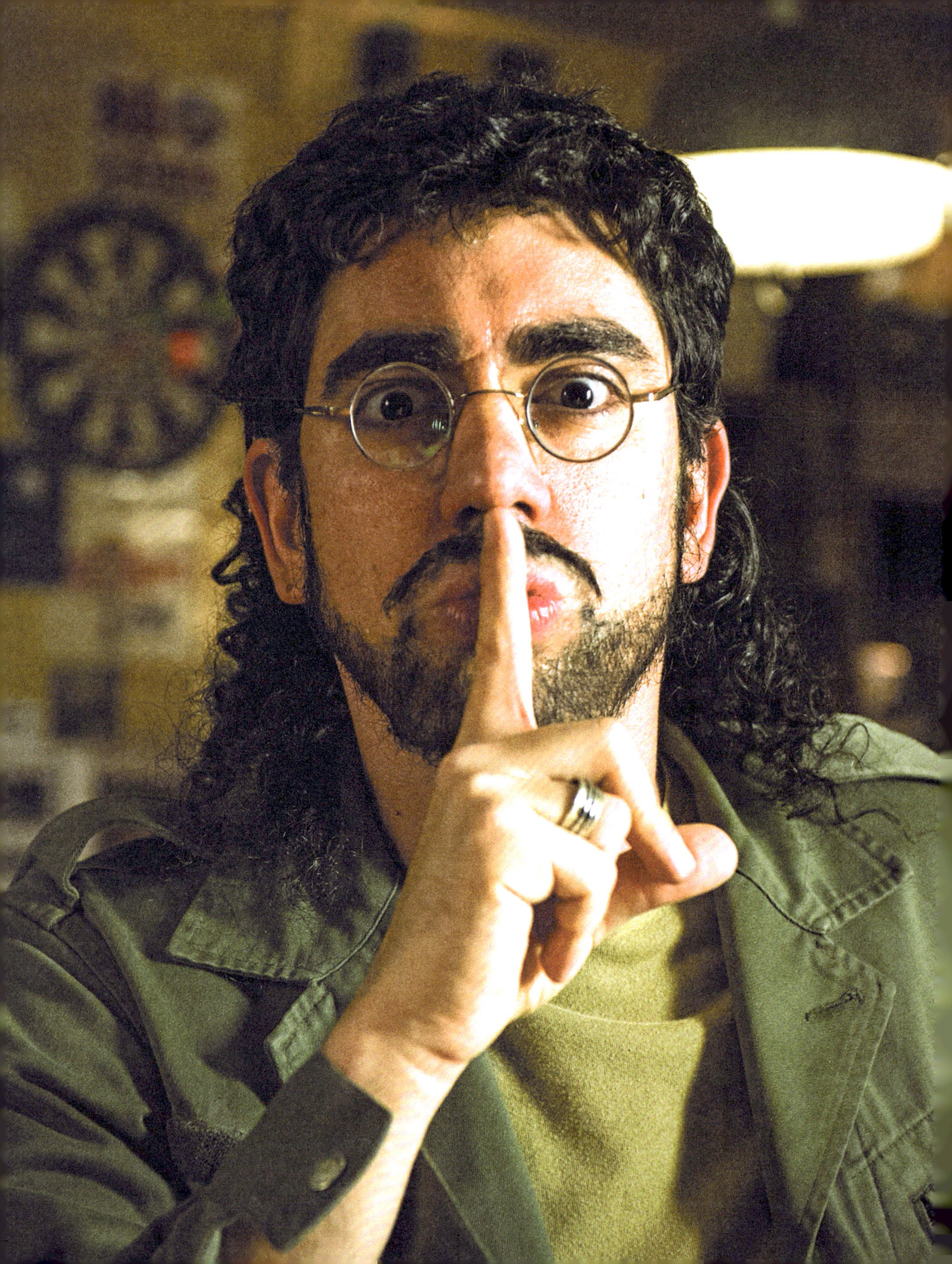

***
O MILITANTE
De repente, uma interferência interrompe o *Tá no Ar*. A imagem e o som são ruins como uma transmissão clandestina. De dentro de um quarto, um homem de cabelos compridos e usando óculos de armação redonda enche a tela. Com forte sotaque pernambucano, o rapaz critica o quadro que acaba de ser exibido e vocifera teorias conspiratórias a respeito da emissora. Na primeira vez que o jovem exaltado surgiu, em meio a tantas zapeadas frenéticas, alguns ficaram na dúvida se ainda estavam assistindo à programação da Globo.

O nordestino sem nome, sem profissão, sem identidade definida, que ataca tudo o que é exibido na TV Globo, foi a forma de introduzir uma voz que, mesmo fora do universo da televisão, representa um papel importante: as críticas que vêm da internet. O objetivo do Militante é apenas um: denunciar ao mundo todas as artimanhas e interesses velados em cada esquete exibido. Para ele, nada é só o que está ao alcance dos olhos. Existem interesses obscuros e conspiratórios que a maioria das pessoas não consegue perceber.

O personagem surgiu pela primeira vez quando os roteiristas conversavam sobre a "Galinha Preta Pintadinha". De improviso, já com sotaque pernambucano, Adnet começou a discursar: "É um absurdo que a Rede Globo, que, além de maltratar seus artistas, também corrobora com os maus-tratos às galinhas, ani-

mais sofridos e perseguidos por patrocinadores desta empresa como..." E citou uma lista de anunciantes. Na redação, o Militante ganhou corpo, forma e personalidade. Uma infinidade de possibilidades e características foram discutidas – se ele seria um político, um estudante, jovem, velho, se teria outro sotaque... e o principal: como ele seria apresentado, já que o personagem não fazia parte do universo televisivo. Com a colaboração dos diretores, a entrada virou interferência, um sinal de TV clandestino que interrompia a programação. O cenário cheio de elementos nordestinos – bolo de rolo, moringas e chapéu de vaqueiro – ficou a cargo das equipes de cenografia e produção de arte.

A redação dos textos do pernambucano é uma das últimas etapas do processo, logo após a montagem dos episódios. Cena a cena, o grupo analisa quais seriam os melhores momentos para a invasão. O personagem pegou de surpresa aqueles que acreditavam que jamais veriam a TV Globo debochando da sua imagem.

***>
O Militante mostra uma de suas teorias conspiratórias que prova que a Casa Branca interfere no lançamento de artistas e até na escolha de vagas de estacionamento na TV Globo.

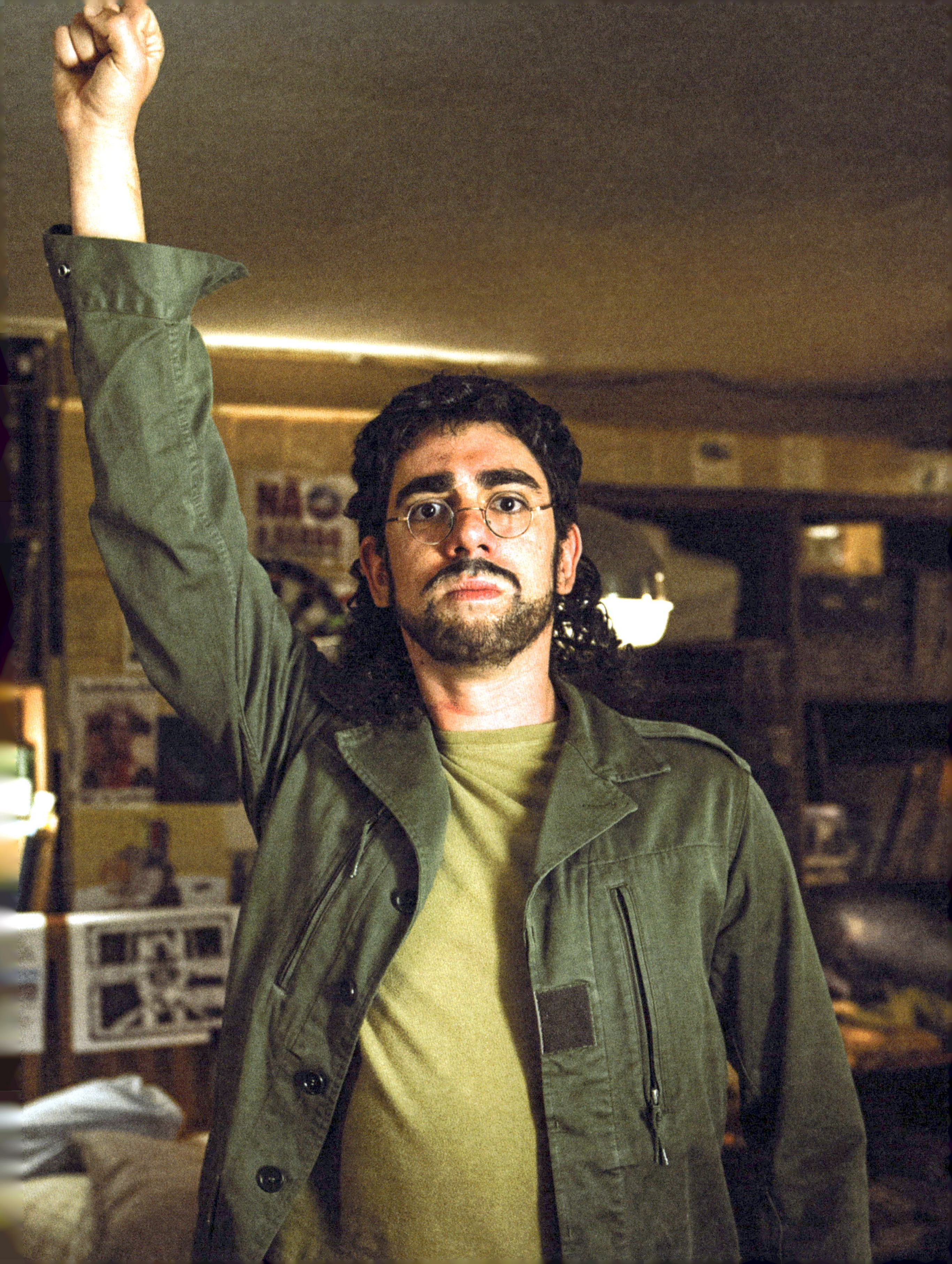

***
A POLÍTICA NO *TÁ NO AR*

Esse é um tema que lida com paixão e que muitas vezes deixa os nervos à flor da pele. Fazer humor já é, em si, uma postura política. Ao escrever uma cena, tanto o humorista quanto quem ri dela estão escolhendo um lado da história, adotando um posicionamento. O cuidado dos roteiristas é para que o texto não se torne panfletário, defensor de apenas uma vertente. Por isso, todas as situações que abordam o tema são criadas com responsabilidade, batendo de todos os lados da questão.

A tradicional campanha da Globo, o *Criança Esperança*, foi transformada em uma arrecadação para libertar políticos presos por corrupção, o "Fiança Esperança", e foi ao ar no episódio de estreia do *Tá no Ar*.

***>
Assista à cena do "Fiança Esperança" aqui.

Tá no Ar — Capítulo: # — PAG.:1

INT / DELEGACIA / DIA

Apresentador estilo dirigente partidário, de terno, faz a introdução da campanha.

APRESENTADOR
Companheiros! Começaram as doações para essa campanha que tem sacudido o país, soltando presos por corrupção no Brasil inteiro.

À medida que o apresentador caminha, vai se revelando o cenário: uma cela cheia de presos bem apessoados, de óculos, com cabelos super penteados e com gomalina, falando ao celular.

APRESENTADOR (CONT.)
Fiança Esperança! Se cada um fizer sua parte, esses meninos terão uma nova oportunidade. E oportunidade é uma coisa que eles não perdem!
Liga aí!

Entra jingle da campanha. Cada opção de doação é cantada por um presidiário diferente, acompanhado do coro. Entra legenda de cada música.

PRESIDIÁRIO 1
(canta)
Zero seiscentos, um sete um, dois e quinhentos... (aponta pra si) pra soltar o "tesoureiro"!

PRESIDIÁRIO 2
(canta)
Zero seiscentos, um sete um, três e quinhentos... (aponta pra si) pra soltar o "deputado"!

PRESIDIÁRIO 3
(canta)
Zero seiscentos, um sete um, cinco e quinhentos... (aponta pra si) pra soltar o "ex-ministro"!

Abre para o plano com os três presidiários cantando juntos.

PRESIDIÁRIOS
(cantam juntos)
Liga aí, liga aí!

Apresentador entra em quadro

APRESENTADOR
Companheiro... Ilumine a esperança de um corrupto!

Entra logo da campanha "Fiança Esperança". Sobre a imagem, off do locutor.

© TV Globo - Todos os direitos reservados.
Uso exclusivo pela TV Globo.

Em outro quadro, um programa de auditório abordava a violência policial no Brasil. O "Pitombo Game Show", apresentado pelo policial Tenente Pitombo, usa em suas gincanas métodos pouco convencionais.

PITOMBO GAME SHOW

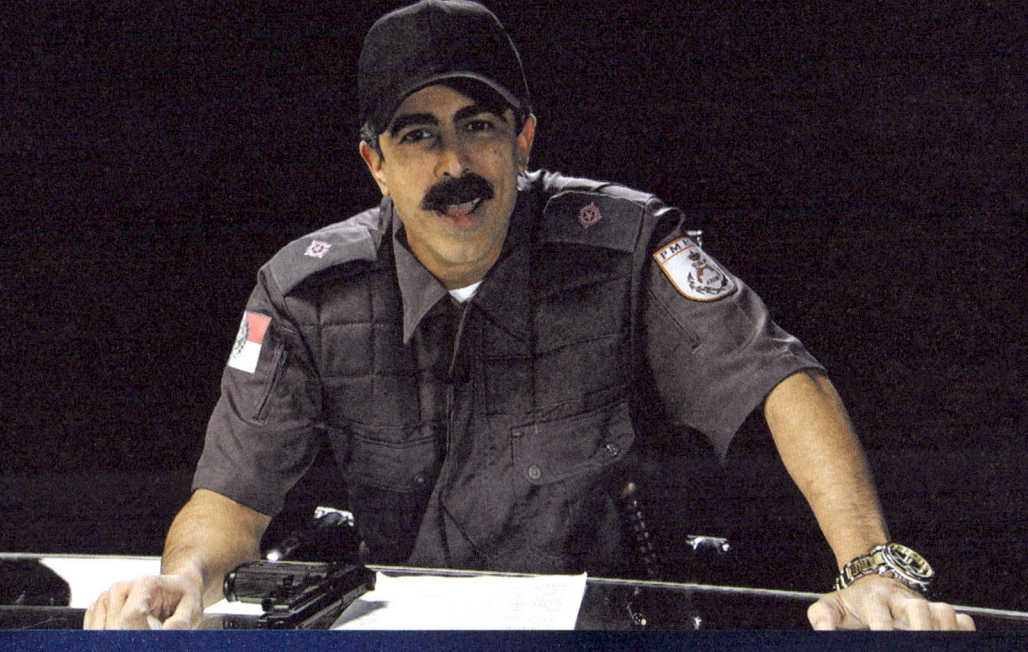

SE LIVRA NOS 30

PIÃO DA PROPINA PRÓPRIA

Jequitibá
Cassetetes de Madeira

<***>
O merchandising dos produtos Jequitibá, que faz alusão a uma marca de cosméticos, parodiou as inserções subliminares piscando rapidamente no vídeo várias vezes ao longo do episódio.

Na página ao lado, todas as ações em que artistas se engajam sem nem conhecer a causa foram tratadas na campanha #somostodosnãomereço.

#SOMOSTODOSNÃOMEREÇO

PRÓ-ELA   CONTRA VIOLÊNCIA DOMÉSTICA   ANTI-RACISMO

135.

Basta! Campanha feita por atores que precisam aderir a qualquer campanha para permanecer no ar.

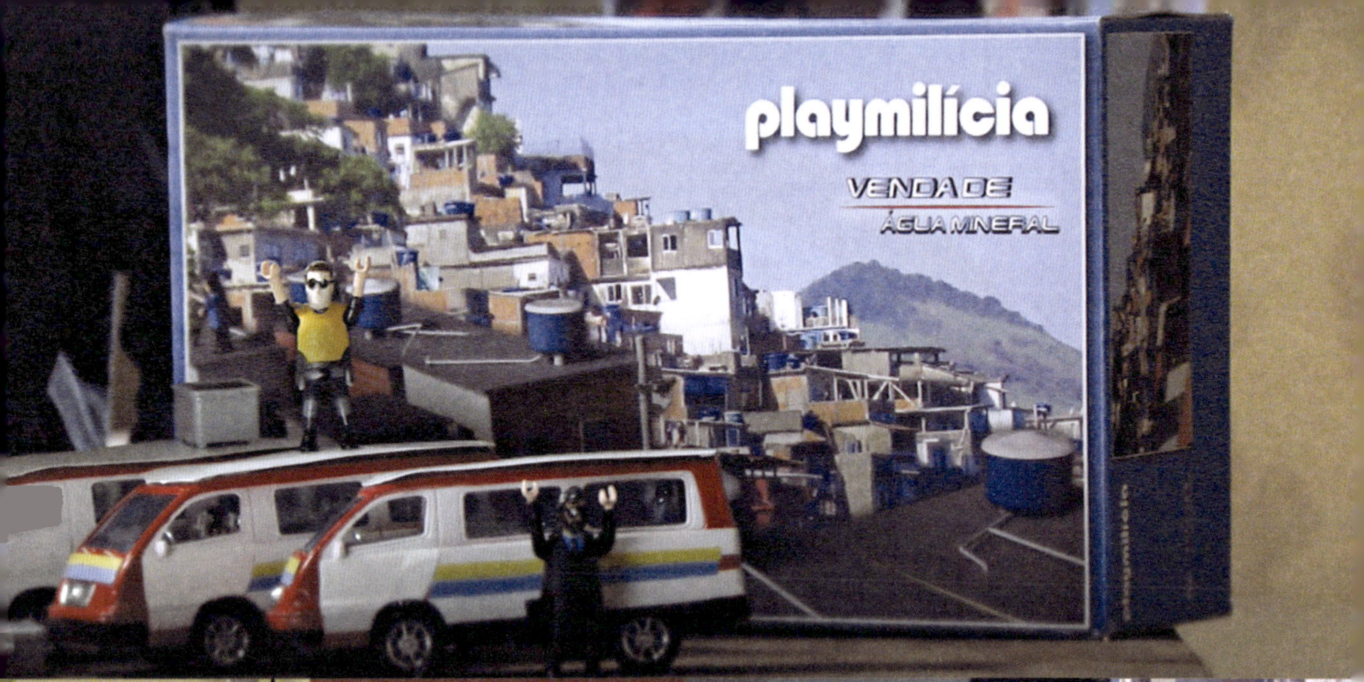
playmilícia
VENDA DE
ÁGUA MINERAL

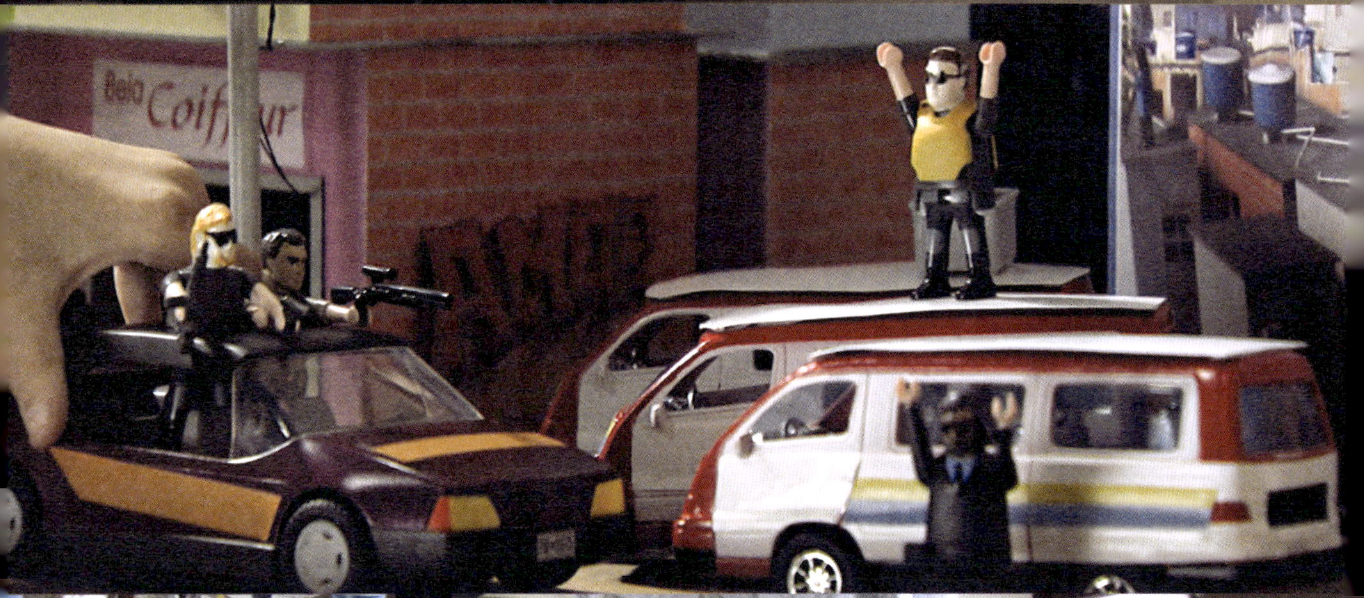

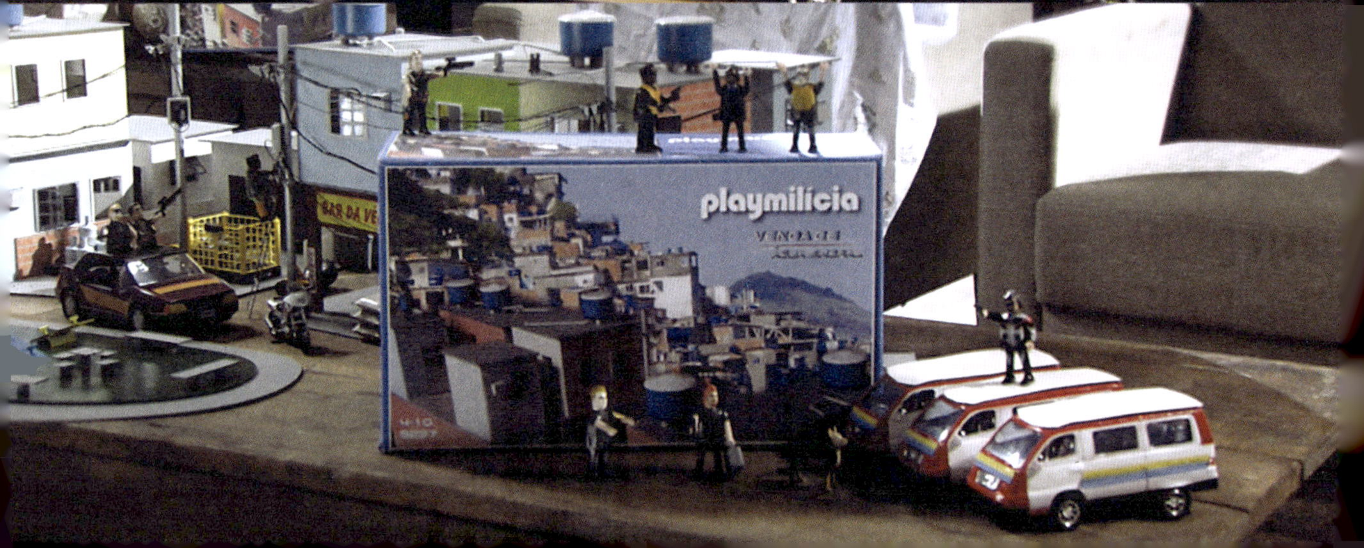
playmilícia

playmilícia

                        PACIENTE
Quê?

                        DOUTOR SUS
O seu barco, rapaz! Balançava?

                        PACIENTE
                (estranhando a pergunta)
Balançava!

                        DOUTOR SUS
Sabia! É virose!

                        PACIENTE
Mas, Doutor SUS! O cara do outro barco tacou um arpão na minha cabeça! Olha!! Tá atravessado aqui ainda! Isso não significa nada?

                        DOUTOR SUS
Significa que esse outro pescador não vai muito com a sua cara. Mas isso eu não tenho como resolver. (Vira-se para médico da emergência) Leve ele pro quarto e dê um analgésico e muita água. Essa virose é danada. Médico da emergência sai levando a maca, às pressas.

Doutor SUS e sua equipe permanecem ali.

                        DOUTOR SUS (CONT.)
                (gabando-se para a equipe)
Não há problema que Doutor SUS não solucione! Equipe, alguma dúvida?

                        MÉDICA 3
Eu tenho, Doutor. Por que o senhor usa essa bengala?

                        DOUTOR SUS
                (mostrando a bengala)
Isso aqui? Virose.

Doutor SUS segue mancando e equipe vai atrás dele. Música do programa sobe.

Já em **"Doutor SUS" – uma paródia do seriado americano House –** o personagem principal critica o sistema brasileiro público de saúde.

Tá no Ar   Capítulo: #   PAG.:1

EXT / RUA / NOITE

A estética é de trailer de filme. Três homens e uma mulher, vestidos como neopentecostais, estão andando por uma rua escura e conversando. Um deles carrega a Bíblia debaixo do braço. O tempo está ameaçando chover. Ouvimos trovoadas.

LOCUÇÃO (V.O.)
Estes quatro jovens estavam saindo da igreja quando um acidente terrível aconteceu.

Um raio cai num poste próximo a eles e os quatro - por computação - são eletrocutados. Os três estão caídos no chão, menos a mulher que está sumida.

RICARDO
João! Benjamim! Vocês estão bem? Ó meu pai, cadê a Susana?

BENJAMIN
Ali está ela!

Susana começa a reaparecer e desaparecer, até que reaparece completamente.

SUSANA
Estou aqui irmãos. Graças a Deus!

LOCUÇÃO (V.O.)
Mas o que eles não sabiam é que aquele acidente iria mudar suas vidas.

Benjamin está se sentindo mal, suando muito. Quando ele se levanta está com o corpo todo coberto de pedras, como o personagem Coisa do "Quarteto Fantástico". Ao seu lado um clarão como se fossem chamas de uma explosão. Revela-se João com o corpo repleto de fogo, como o personagem Tocha Humana.

JOÃO
Senhor, o que está acontecendo com a gente?
Ricardo começa a esticar o braço e o pescoço como o personagem Homem elástico.

RICARDO
Com vocês não sei. Mas eu tô me sentindo estranho. (Começa a gostar) maravilhosamente estranho...

LOCUÇÃO (V.O.)
E foi assim que eles se tornaram poderosos. E com seu poder resolveram lutar por seus ideais. A qualquer custo.

Passagem de tempo. Os quatro andando em direção à câmera, em câmera lenta. Todos com uniformes como os do "Quarteto Fantástico". Ricardo estica seu braço e arranca uma garrafa de cerveja da mão de um homem e joga fora.

Um dos maiores sucessos de bilheteria dos cinemas em 2015, o filme *Quarteto Fantástico* ganhou uma versão conservadora e religiosa. O "Quarteto Fanático" contava a história de quatro amigos que foram atingidos por um raio e receberam superpoderes. Juntos, eles lutam para impor suas convicções religiosas. Como quase todo filme de ação hollywoodiano, o *Quarteto Fantástico* é repleto de efeitos especiais que custam tempo e dinheiro para serem feitos. Com o texto na mão, o desafio da produção era realizar a gravação sem consumir o orçamento de um episódio inteiro. Em vez de construir um cenário, a equipe utilizou a cidade cenográfica do seriado *Tapas & Beijos*. Com a ajuda de um storyboard – desenho que simula os enquadramentos vistos pelo público –, a direção estudou e reproduziu cada posicionamento de câmera. O figurino todo feito de espuma recriou com realismo a vestimenta do Coisa.

Depois da filmagem, o material foi levado para o departamento de efeitos visuais, que criou a descarga elétrica que atinge o grupo de fiéis; transformou o corpo do ator Maurício Rizzo em elástico; criou a explosão energética causada por Georgiana Góes; fez Marcius Melhem virar uma tocha de fogo humana, e Welder Rodrigues um monstro que atira blocos de pedra.

***>
O departamento de arte criou duas versões para a marca do "Quarteto Fanático". A escolhida foi a segunda, que transformou o número quatro em uma cruz, criando mais uma camada de compreensão.

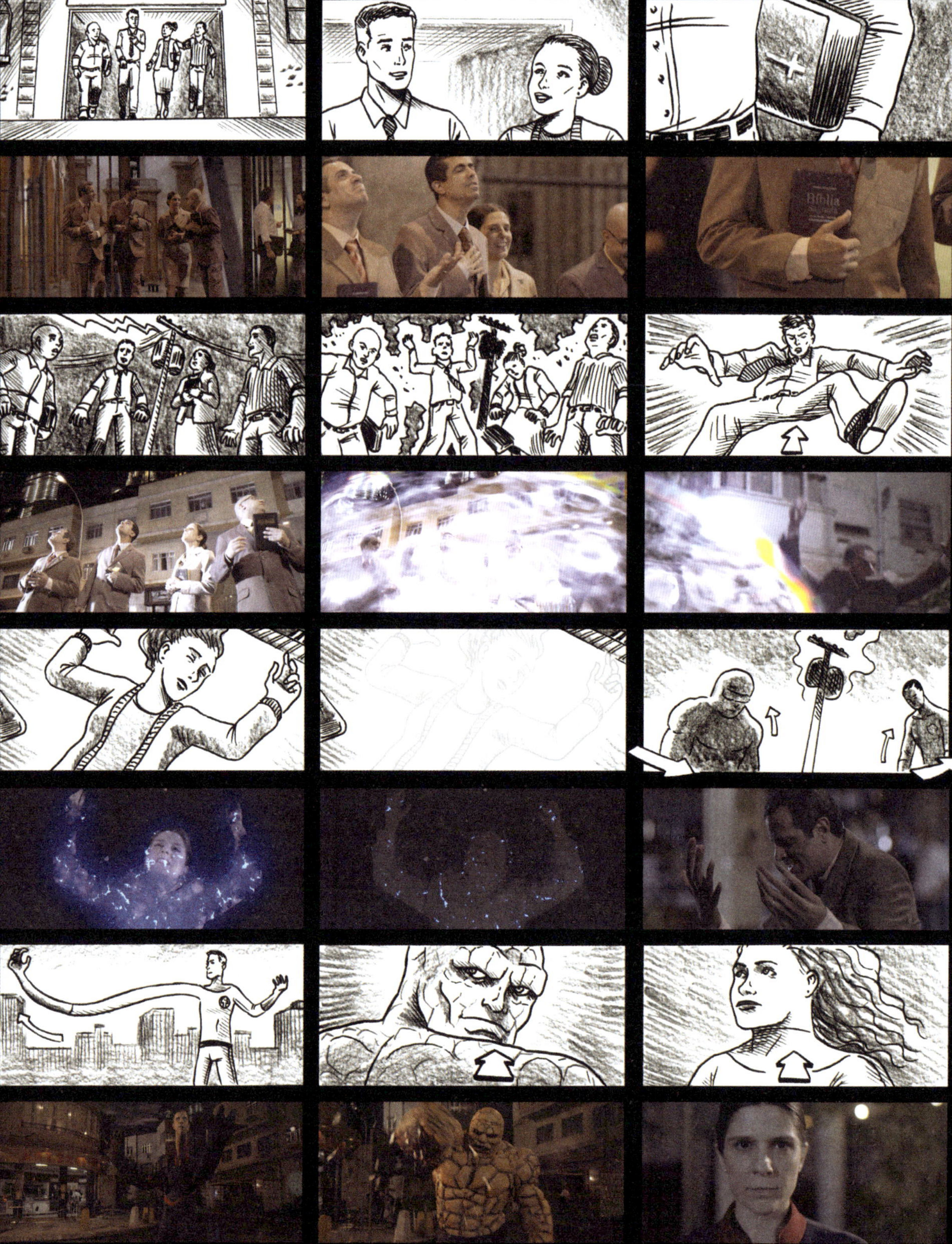
Bíblia

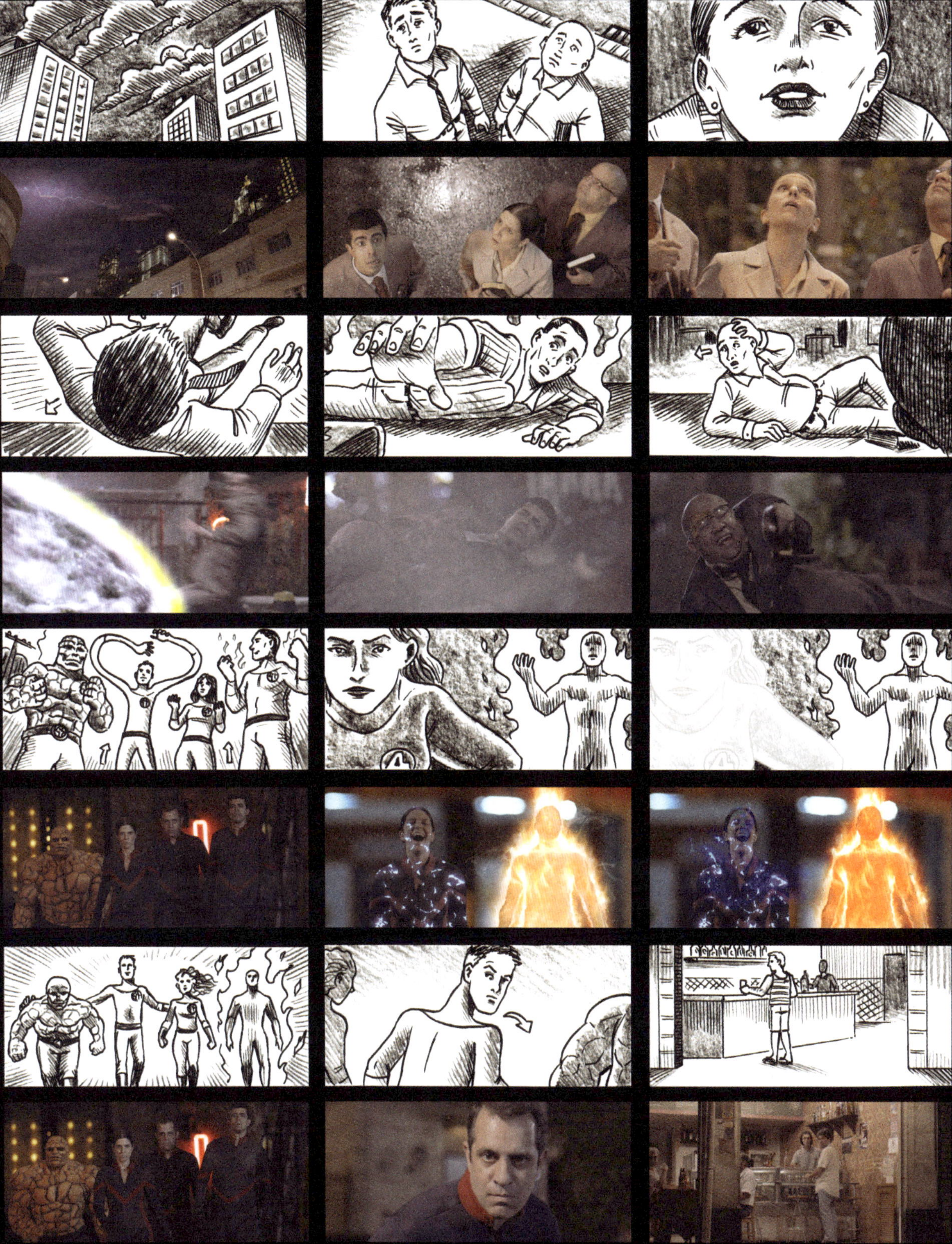

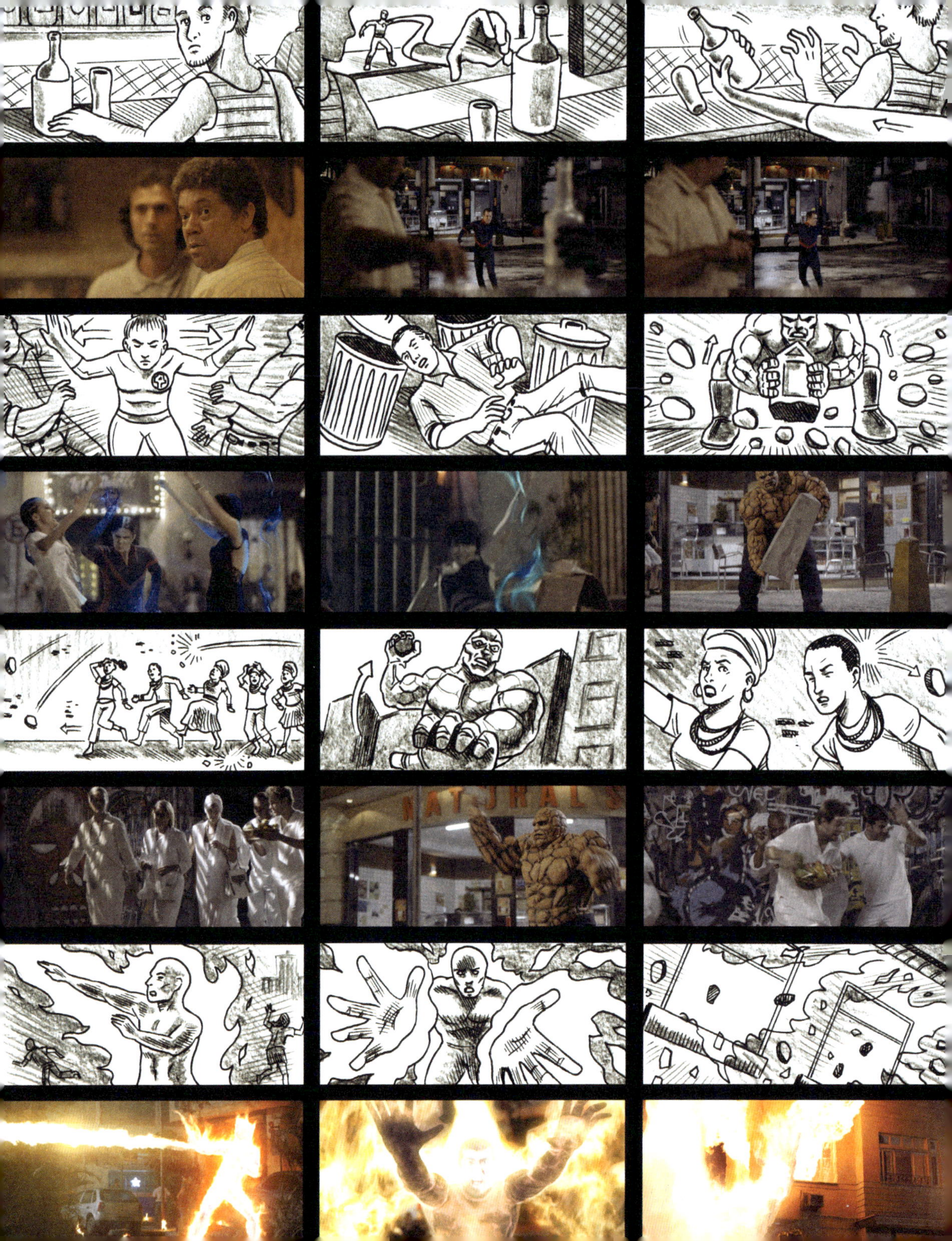

QUARTETO FANÁTICO

quartetofanaticoofilme.com.br

***> Veja o trailer do filme Quarteto Fanático.

Tá no Ar   Capítulo: #   PAG.:1

EXT / PONTO DE ÔNIBUS / DIA

Três conhecidos estão em um ponto de ônibus. Dois deles falam enquanto um só ouve e não consegue emitir opinião

HOMEM 1
Aí vem o pessoal dos direitos humanos, né? Já falei: direitos humanos é pra humanos direitos. Tá com pena? Leva pra casa! Aí vem aquele papo de vítima da sociedade, menos cadeias e mais escolas... Quero ver é quando for com a família deles.

HOMEM 2
É por isso que eu sou a favor do armamento da população. Vê se acontece isso no Texas? A Universidade de Harvard comprovou que, quanto mais armas as pessoas têm, menor é a criminalidade. Mas a mídia quer que a gente acredite no contrário. Cadê a liberdade?

O terceiro homem tenta falar, mas não consegue. Homem 1 se dirige ao homem 3.

HOMEM 1
E aí, cara? o que você acha disso tudo?

HOMEM 2
Qual sua opinião sobre isso tudo que tá aí?

HOMEM 3
Eu acho que... que...

O homem 3 não consegue participar da conversa e leva a mão à barriga.

CORTA PARA:

INT / COZINHA / DIA

O homem 3 da cena anterior abre a geladeira e pega um iogurte Activista. Ele bebe o iogurte e surge uma animação na tela que mostra umas setas descendo até seu intestino, subindo até o cérebro e saindo pela boca.

LOCUTOR (V.O.)
Chegou Activista. o iogurte para quem quer regular a ligação entre o intestino e a boca. Só Activista tem lactofascistas vivos, que reprimem o seu intestino fazendo você abrir o verbo.

CORTA PARA

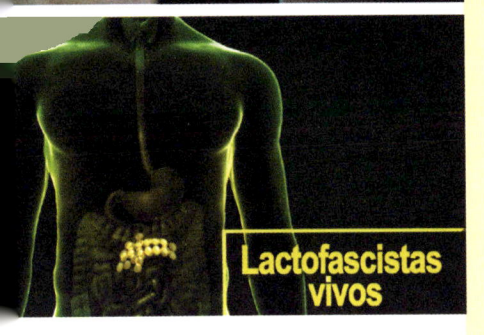

Tá no Ar   Capítulo: #   PAG.:2

EXT / PONTO DE ÔNIBUS / DIA

Os amigos da primeira cena estão novamente no ponto de ônibus no dia seguinte. O homem 3 fala sem parar enquanto os outros ouvem admirados.

                        HOMEM 3
            Por que que tem que circular ônibus pra praia
            no fim de semana? Ninguém vai trabalhar mesmo.
            Só assim pra acabar com arrastão. (irônico)
            "Ah, mas tem o direito de ir e vir". Tem esse
            negócio não. Tem mais é que amarrar no poste
            mesmo! Não gostou? Vai para Cuba!

Os amigos começam a aplaudir o discurso desenvolto do homem 3.

                        LOCUTOR (V.O.)
            Faça o desafio Activista. Se em uma semana
            você não fizer um textão no Face, nós
            devolvemos o seu dinheiro.

                                              CORTA PARA:

Computação gráfica com assinatura do comercial e logomarca.

                        LOCUTOR (V.O.)
            Activista. Caminho livre do intestino para a
            boca.

© TV Globo - Todos os direitos reservados.
Uso exclusivo pela TV Globo.

Lactofascistas vivos

Em outro comercial, o famoso iogurte Activia serviu de inspiração para o "Activista", iogurte que conecta o seu intestino à boca liberando o caminho para opiniões e posicionamentos políticos radicais.

O "Chico Buarque de Orlando", esquete que inverte a ideologia política do cantor, surgiu inspirado pela polarização da sociedade em discussões políticas. Enquanto conversava sobre o assunto, a equipe fazia o "pente-fino" – leitura minuciosa dos episódios antes do envio das versões finais. Depois de liberadas evita-se fazer quaisquer mudanças, pois a produção começa a viabilizar as gravações assim que recebe os roteiros.

Com a proximidade das filmagens, seria difícil encaixar a cena na terceira temporada. Resignados, os roteiristas voltaram ao trabalho de revisão quando um deles cantarolou, na melodia de "Roda Viva", o refrão: "Montanha-russa, roda-gigante, foto com Mickey, com o Rei Leão..." Empolgados, a equipe começou a compor um medley de paródias. O grupo sabia que, se as músicas ficassem boas, a produção do *Tá no Ar* moveria montanhas para viabilizar tudo a tempo. Com as letras prontas, a colaboração criativa da direção foi fundamental para conceber os cenários inspirados nos clipes originais do cantor.

A crítica foi tão oportuna que em dezembro de 2015 – três meses após a composição das paródias ainda inéditas para o público – Chico Buarque foi hostilizado na rua por conta de seu posicionamento político. Muitos acreditaram que o bate-boca político serviu de inspiração para a cena, mas quando a confusão ocorreu o musical já estava gravado, o que aumentou a expectativa da equipe. Só em março de 2016 foi ao ar o comercial do DVD com as canções de "Chico Buarque de Orlando". No dia seguinte, a página oficial do cantor no Facebook postou o clipe do *Tá no Ar* sinalizando que o artista tinha gostado da brincadeira.

<***
Os sucessos de Chico Buarque de Orlando estão no QR code acima.

**EM RITMO DE
A BANDA**

*FUI PROTESTAR NA PAULISTA
ALGUÉM INTERVEIO E FALOU
PRA IR PRA ORLANDO MORAR
PORQUE O BRASIL ACABOU*

**EM RITMO DE
PARATODOS**

*O MEU PAI FOI PRA VIRGINIA
MINHA MÃE LUISIANA
MEU AVÔ PRA SAN DIEGO
MEU TATARAVÔ MONTANA
BOSTON, COLORADO E KANSAS
TÁ CHEIO DE BRASILEIRO*

**EM RITMO DE
RODA VIVA**

*MONTANHA RUSSA,
RODA GIGANTE
TUDO COM FILA,
ATÉ O REI LEÃO
A DISNEY NÃO É A
MESMA DE ANTES
AGORA TÁ MUITO POVÃO*

**EM RITMO DE
APESAR DE VOCÊ**

*AMANHÃ VAI TER
BLACK FRIDAY
AMANHÃ VAI TER
BLACK FRIDAY...*

**EM RITMO DE
CÁLICE**

*PAI, PARCELA PRA MIM ESSE NIKE, PAI
PARCELA PRA MIM ESSE CALVIN KLEIN
PARCELA O CASACO DA GAP
E UM BONÉ DA ABERCROMBIE*

**EM RITMO DE
VAI PASSAR**

*VAI PASSAR
LÁ PELA FILA DO
"NÃO DECLARAR".
TABLET, CÂMERA DE FOTO E VÍDEO,
CASACO COM TÊNIS, E MINICHOCOLATE
PRA PRESENTEAR*

**EM RITMO DE
MEU CARO AMIGO**

*AQUI EM ORLANDO TÃO JOGANDO FUTEBOL
OS BRASILEIROS TÃO LOTANDO SHOPPING, MALL
TEM O HASSUM, ROMERO BRITTO E O MIÓN
TEM O RONALDO E O DR. REY E
O POVO DA DIREITA
O CONSTANTINO ESCREVE UM
POST PARA OS SEUS
O OLAVO DE CARVALHO, AMAURY E
O SILVIO SANTOS
GESTANTE VEM CORRENDO,
TEM GREEN CARD PARA AS CRIANÇAS
ABRAÇO PRO LOBÃO ADEUS!*

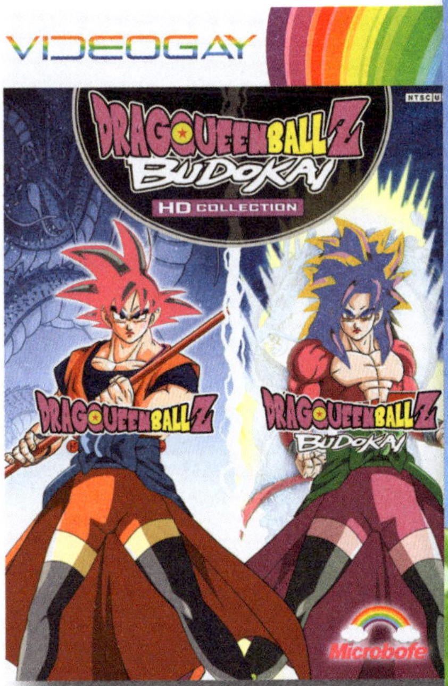
VIDEOGAY
DRAGQUEENBALL Z
BUDOKAI
HD COLLECTION
DRAGQUEENBALL Z
DRAGQUEENBALL Z
BUDOKAI
Microbofe

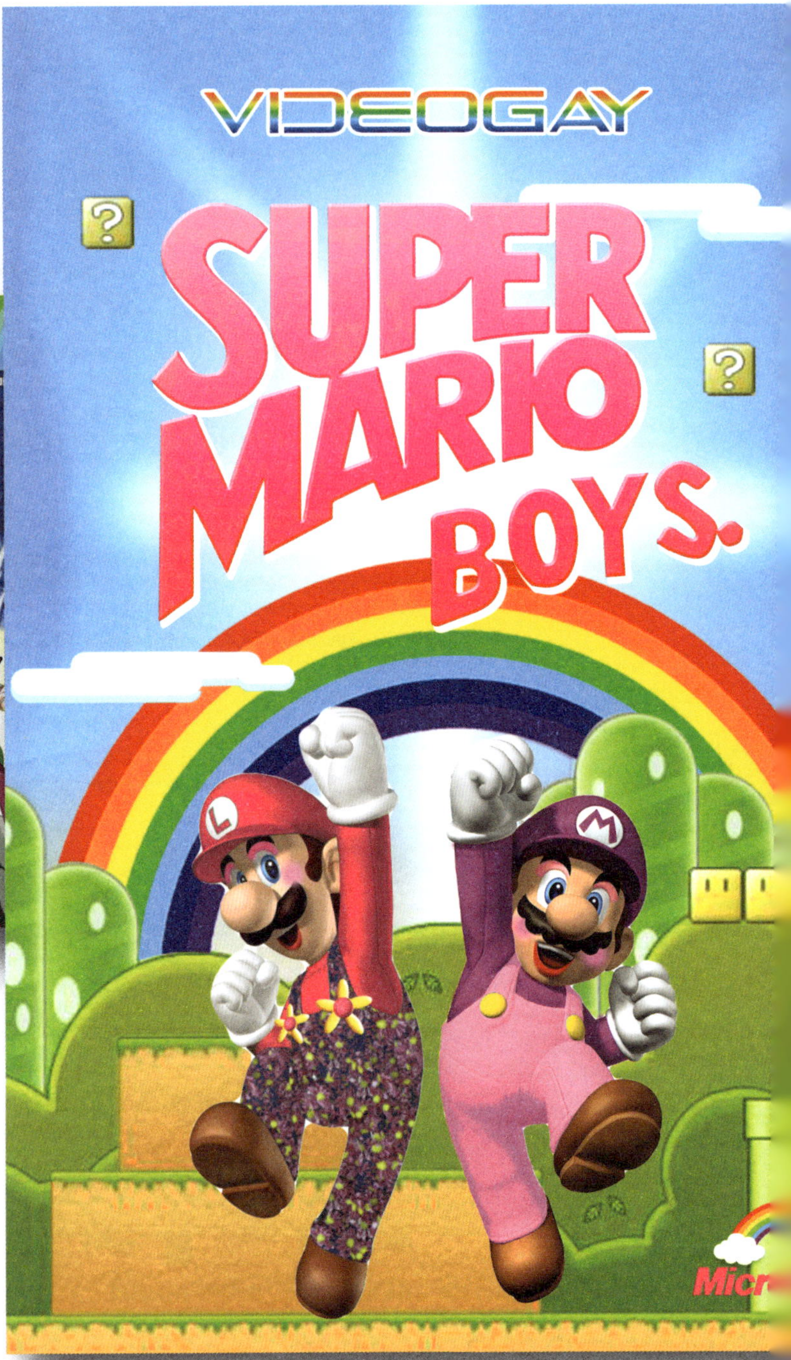
VIDEOGAY
SUPER
MARIO
BOYS.

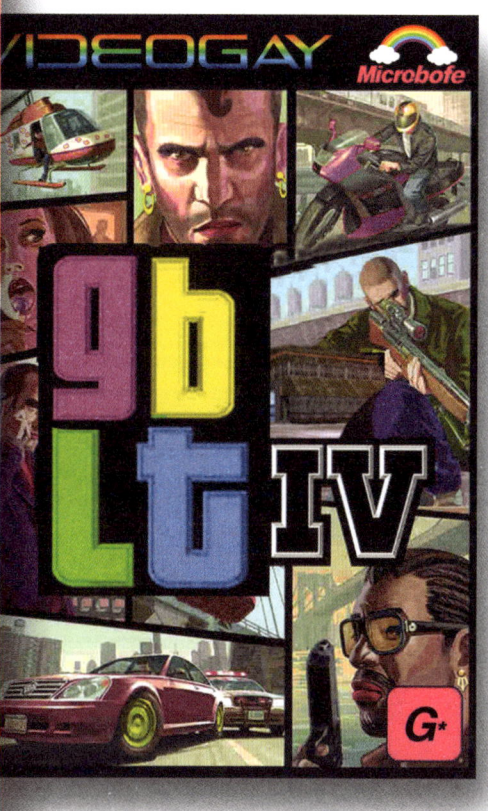

<***
O Videogay trouxe os maiores sucessos dos games em versões LGBT.

Mahatma Connection

MANIPULAR

EU MANIPULO
TU MANIPULAS
ELE NÃO MANIPULA
NÓS NÃO MANIPULAMOS
VÓS NÃO MANIPULAIS
ELES NÃO MANIPULAM

***
AS PARTICIPAÇÕES ESPECIAIS

Outra marca registrada do *Tá no Ar* são os convidados. Por brincar com o universo da televisão, o programa é um prato cheio para que celebridades desconstruam sua imagem e mostrem uma faceta que o público não está acostumado a ver. O primeiro convidado a ir ao ar foi o ator Ricardo Macchi, que, em 1995, ficou famoso no papel do cigano Igor, personagem da novela *Explode Coração*, de Gloria Perez. Na época, o ator foi alvo de críticas por sua atuação. Inspirado nesse *bullying* que dura mais de vinte anos, os roteiristas do *Tá no Ar* criaram um comercial especialmente para o ator.

No último episódio do primeiro ano, uma participação teve destaque: Regina Duarte. A atriz virou figurinha carimbada nas temporadas seguintes. Poucos sabem que Regina é mãe do diretor João Gomez, responsável por convencê-la a participar pela primeira vez do *Tá no Ar*. No ano seguinte a atriz voltou no quadro "Vingança dos Famosos".

Em outra cena, o programa conseguiu reunir um elenco que ninguém reunira até então: todas as Helenas do autor Manoel Carlos. Regina Duarte, Vera Fischer, Maitê Proença, Christiane Torloni, Júlia Lemmertz e Taís Araújo, além de José Mayer, Juca de Oliveira, Ricardo Macchi e Lília Cabral – que colaborou como roteirista sugerindo sua própria cena. Ao saber da gravação, Lília comentou com a equipe que constantemente a confundem com uma das Helenas de Maneco, papel que sempre sonhou fazer. Partiu dela a ideia de chegar ao lançamento do livro onde estavam todas as Helenas e, então, ser barrada na porta. O esquete misturava duas obras de sucesso da teledramaturgia brasileira: *O Clone*, de Gloria Perez, e *Laços de Família*, de Manoel Carlos.

<***
Assista aqui as cenas com os convidados especiais do *Tá no Ar*.

VINGANÇA
DOS FAMOSOS

estamos apresentando

CLONES
de
Família

Outra participação histórica foi a do ator Antonio Fagundes, que se submeteu a uma das cenas mais inesperadas de sua carreira: dançar Menudo ao lado do elenco do *Tá no Ar*. A cara de pau de Melhem e Farias, que cruzaram com Fagundes nos corredores dos estúdios e fizeram o convite, só não foi maior que a do ator, que topou a brincadeira.

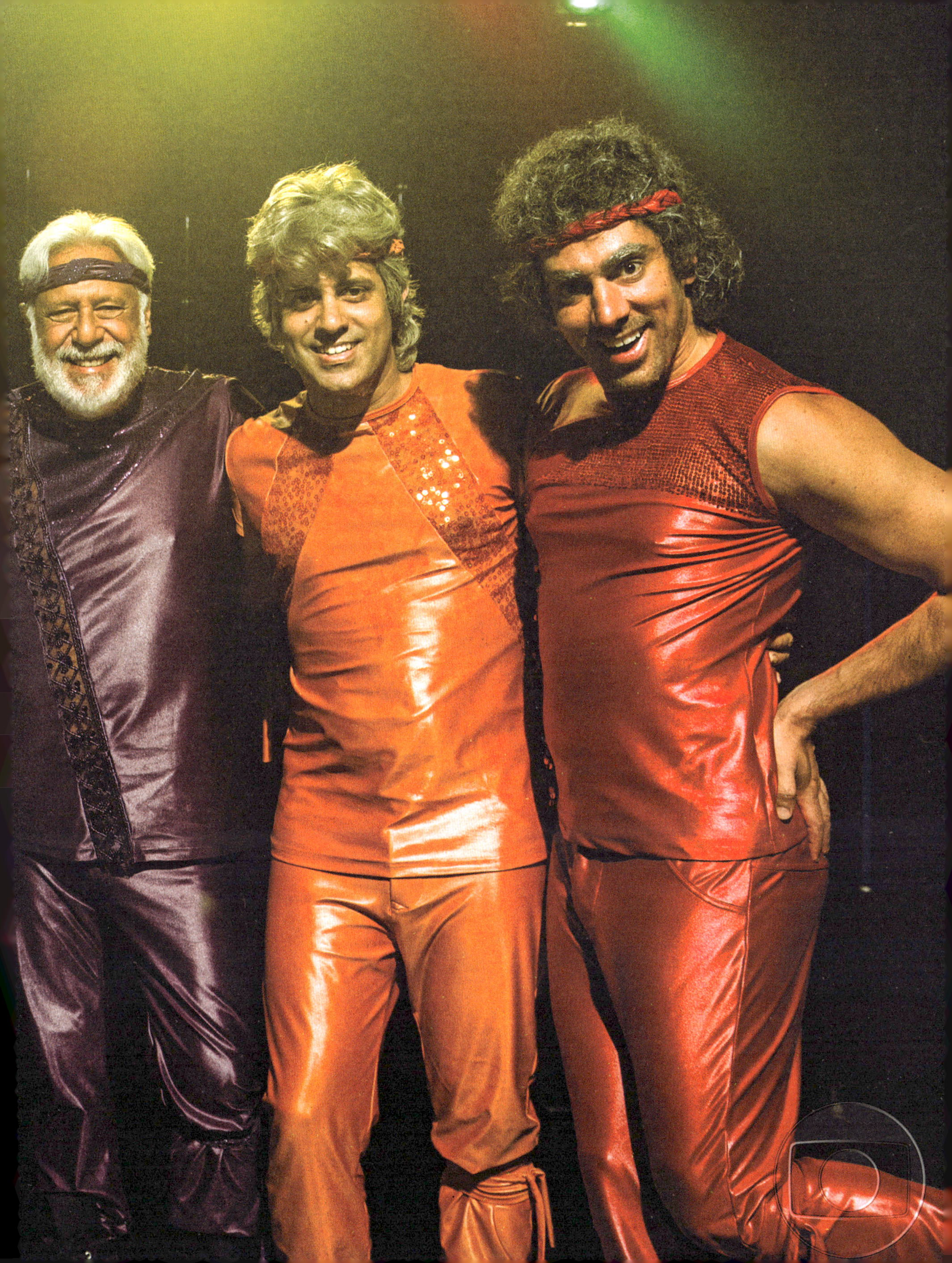

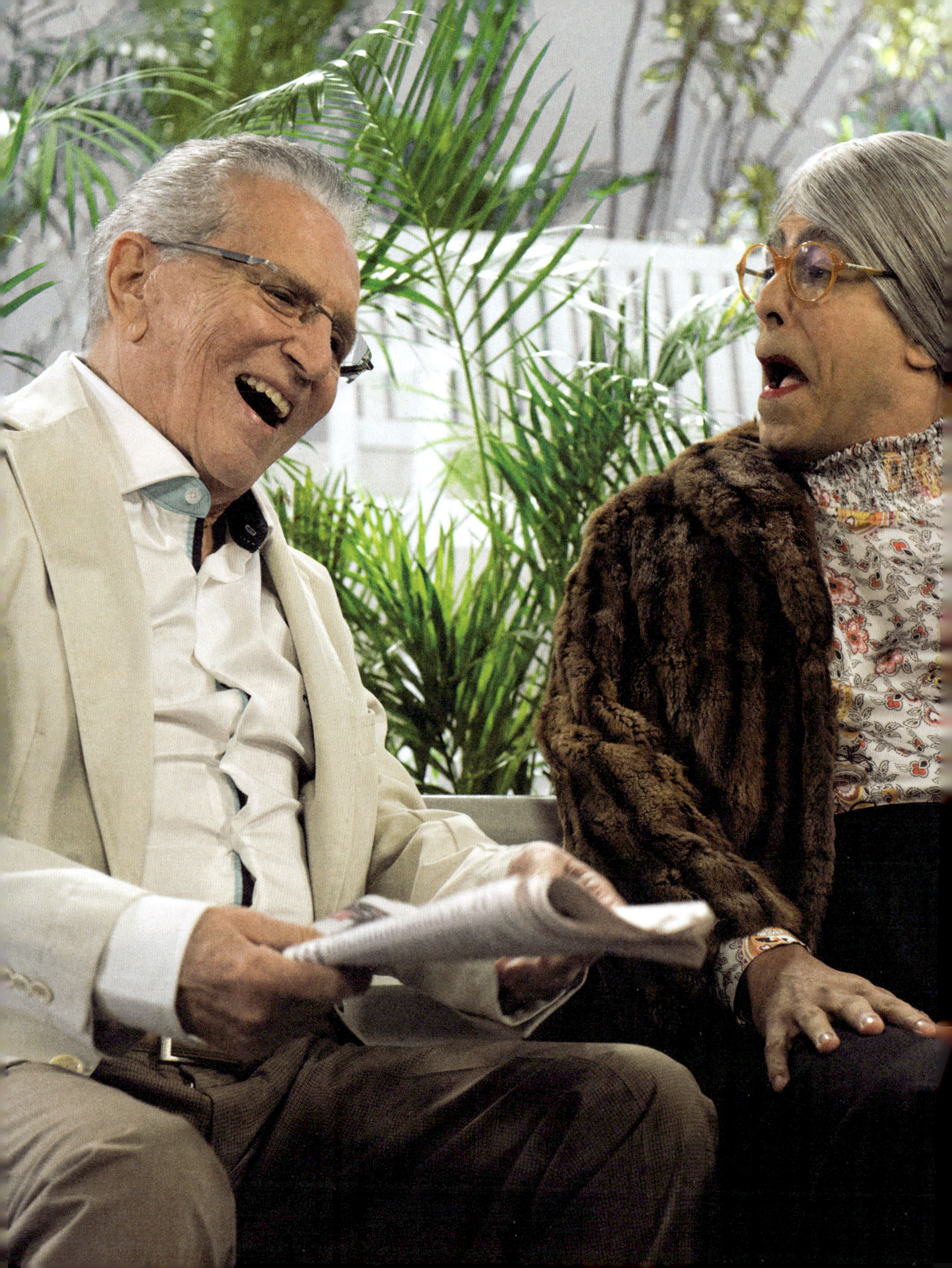

Uma das participações mais emblemáticas foi a do humorista Carlos Alberto de Nóbrega, que, em 2016, completara trinta anos no comando de *A Praça É Nossa*, no SBT. Os autores notaram que um dos temas recorrentes ao longo do ano foi o clima de intolerância vivido pela sociedade em diversos setores. Por isso, a ideia era deixar uma mensagem de união no último episódio. Surgiu daí a proposta de convidar Carlos Alberto – ídolo e exemplo para gerações de artistas e profissionais de TV – e celebrar a harmonia entre emissoras e humoristas. Não só Carlos Alberto estaria na Globo, como também *A Praça* e a Velha Surda – personagem icônico criado e interpretado pelo humorista Roni Rios – que faleceu em 2001. Convidar uma estrela de outra emissora para participar do *Tá no Ar* foi a evolução gradual e natural de um processo, consequência da liberdade editorial e criativa que a equipe sempre recebeu.

Carlos Alberto chegou aos Estúdios Globo na manhã de uma quinta-feira quente de dezembro. Os funcionários que testemunharam a estrela do SBT transitando pela TV Globo acreditaram que a imagem inusitada pudesse ser efeito do forte calor. O convidado foi para o estúdio J, onde acontecem as gravações do *Tá no Ar*. No camarim encontrou Melhem visivelmente emocionado. Enquanto os dois conversavam, Adnet, que estava em outro set, entrou. Com os olhos cheios d'água, ele abraçou o ídolo e, falando baixo, agradeceu sua presença. O longo abraço seguiu sob o silêncio de todos, também emocionados por testemunhar o carinho e admiração no encontro dos três.

Os humoristas subiram para o estúdio. Melhem foi na frente e, já caracterizado de Velha Surda, pediu ao diretor Vicente Barcellos um microfone. Sua voz reverberou no ambiente: "Senhoras e senhores, Carlos Alberto de Nóbrega." Todos os que estavam presentes – produtores, atrizes, atores, segurança, equipe de limpeza e curiosos – aplaudiram de pé a entrada do convidado pela grossa e pesada porta de ferro azul que isola o estúdio. A salva de palmas durou mais de um minuto. Carlos Alberto não conteve as lágrimas e foi consolado pela Velha Surda com um longo abraço.

Tá no Ar — Capítulo: # — PAG.:1

VINHETA DE ABERTURA

Paródia da abertura do programa do "A Praça é Nossa", do SBT, com a seguinte adaptação da letra:

CORO
"A mesma praça, o mesmo banco, só que hoje ela tá no plim plim".

INT / PRAÇA / DIA

Cenário similar ao do programa "A Praça é Nossa". Carlos Alberto de Nóbrega está sentado no banco, com jornal na frente do rosto. Ainda não o vemos. Marcius Melhem, caracterizado como a Velha Surda, chega, com a movimentação que ela sempre faz. Quando finalmente senta, Carlos Alberto tira o jornal da frente do rosto e se revela, para espanto da velha surda.

VELHA SURDA
Carlos Alberto de Nóbrega! Você?! É você mesmo?! A sua praça não é outra? Tá fazendo o que aqui?

CARLOS ALBERTO
A senhora sabe que eu gosto de uma praça! Eu fui convidado pra vir nessa aqui e aceitei que eu não sou bobo.

VELHA SURDA
Ah, você quer trabalhar na Globo?!

CARLOS ALBERTO
Não! Que isso?! Eu já trabalhei na Globo. Por exemplo, eu escrevia "Os Trapalhões".

VELHA SURDA
Não diga! Te ofereceram milhões?

CARLOS ALBERTO
Não! Eu sou muito feliz no SBT. Tô aqui só pra fazer o "Tá no Ar".

VELHA SURDA
Ofereceram pra você milhões pra voltar pra lá?! E depois que você voltar? A Globo vai deixar você continuar trabalhando no SBT também?

CARLOS ALBERTO
Vou te contar, viu. A senhora não entende uma explicação.

VELHA SURDA
Pediu demissão?! Do SBT?! Que loucura! Por quê?

CARLOS ALBERTO
Mas não é possível...

VELHA SURDA
Brigou com o Sílvio? Mas vem cá... (segreda) Brigou só com o Sílvio ou com mais gente?

CARLOS ALBERTO
A senhora é pinel?!

VELHA SURDA
Ah! Brigou com toda a família Abravanel?

CARLOS ALBERTO
Olha, eu tô tentando te tratar com carinho.

VELHA SURDA
Ah, prefere os Marinho? Mas você não tava feliz lá por quê?

CARLOS ALBERTO
A senhora me deixa nervoso.

VELHA SURDA
Estavam pagando mais pro Bozo?

CARLOS ALBERTO
O Bozo nem tá mais lá!

VELHA SURDA
Assim não dá. Assim não dá. Tem razão.

CARLOS ALBERTO
Quer saber? Eu vou voltar pro SBT! E a senhora... Vai pra...

Carlos Aberto fala algo no ouvido da Velha, que se assusta.

VELHA SURDA
O que é que tem o Raul Gil?

<***>
Ao lado, Lulu Santos durante a gravação da abertura de "Malhação Épocas", na cena ainda sem efeitos especiais.

Abaixo, Leoni no "Globo de Ouro da Morte". As motos ao redor do cantor foram gravadas em separado, e depois inseridas na cena por computação gráfica.

162.

PARTICIPAÇÕES ESPECIAIS:

ALEXANDRE NERO
ANDRÉ MARQUES
ANTONIO FAGUNDES
BETTY FARIA
BRUNO GAGLIASSO
BRUNO MAZZEO
CAMILLA AMADO
CARLINHOS DE JESUS
CARLOS ALBERTO DE NÓBREGA
CAUÃ REYMOND
CHRISTIANE TORLONI
CHRISTINE FERNANDES
CISSA GUIMARÃES
DANI CALABRESA
DEBORA BLOCH
DÉBORA LAMM
DOMINGOS MONTAGNER *(IN MEMORIAN)*
EDSON CELULARI
FÁTIMA BERNARDES
FERNANDA PAES LEME
FERNANDA RODRIGUES
GABRIEL FALCÃO
GIOVANNA LANCELLOTTI
GIOVANNA RISPOLI
INGRID GUIMARÃES
ISABELA GARCIA
JESSIKA ALVES
JOSÉ MAYER
JUCA DE OLIVEIRA
JÚLIA LEMMERTZ
JULIANA KNUST
KIKO MASCARENHAS
KLEBBER TOLEDO
LAILA ZAID
LEANDRA LEAL
LEANDRO HASSUM
LEONI
LÍLIA CABRAL
LUCIANO HUCK
LULU SANTOS
MAITÊ PROENÇA
MARCOS CARUSO
MARCOS FROTA
MARIA CLARA GUEIROS
MARIA FLOR
MARIA RIBEIRO
MATEUS SOLANO
MIELE *(IN MEMORIAN)*
MONICA IOZZI
MONIQUE ALFRADIQUE
MR. CATRA
NATÁLIA LAGE
OSCAR FILHO
OTÁVIO MÜLLER
PAULA BRAUN
PAULO BETTI
PEDRO BIAL
PEDRO NESCHLING
PRETA GIL
REGINA DUARTE
RICARDO MACCHI
RICARDO TOZZI
RODRIGO LOMBARDI
ROGÉRIA
SANDY
SERGINHO GROISMAN
STÊNIO GARCIA
TAÍS ARAÚJO
THIAGO FRAGOSO
THIAGO RODRIGUES
TIAGO LEIFERT
TONY TORNADO
VERA FISCHER
VITÓRIA FRATE
VLADIMIR BRICHTA

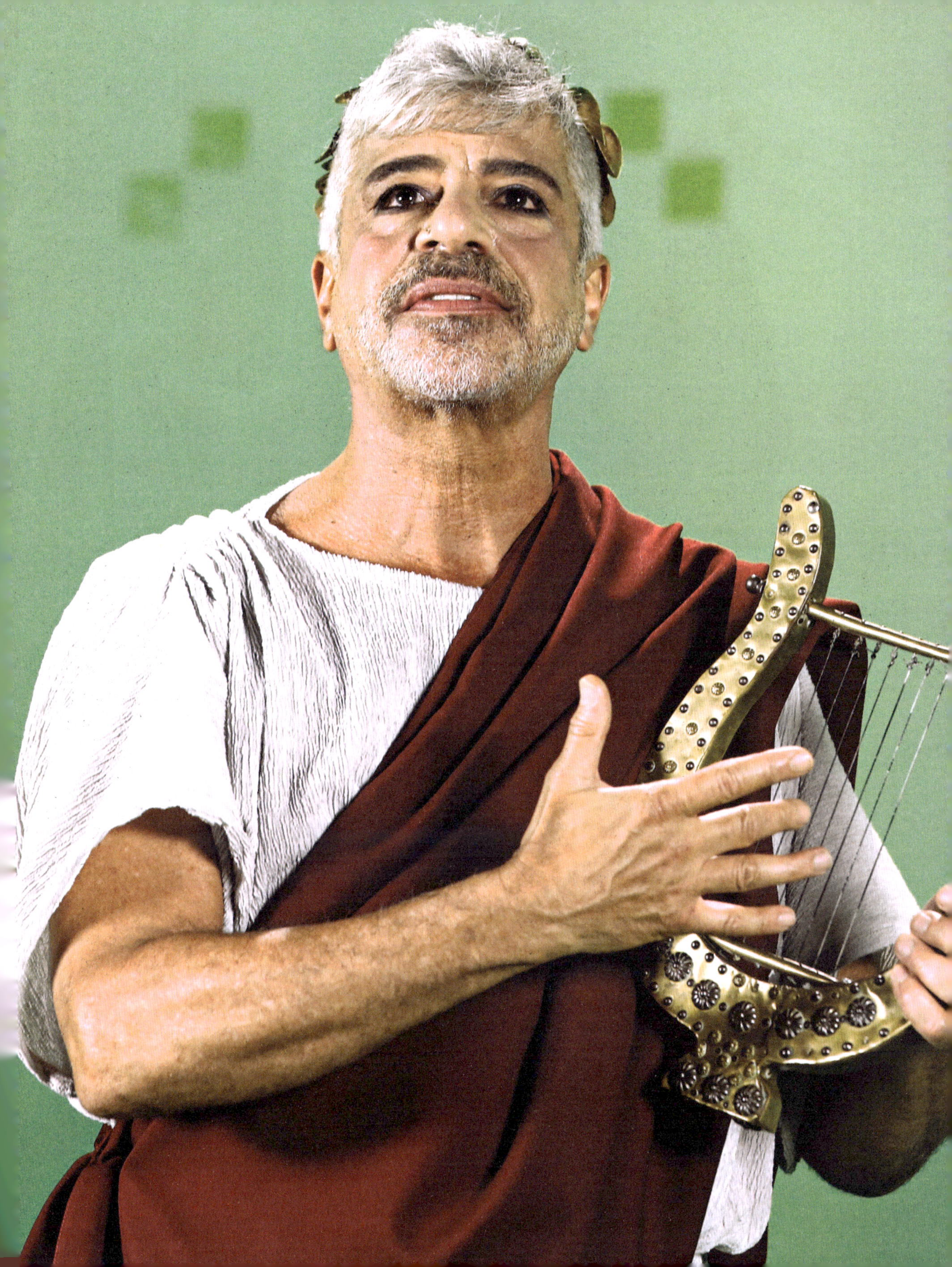

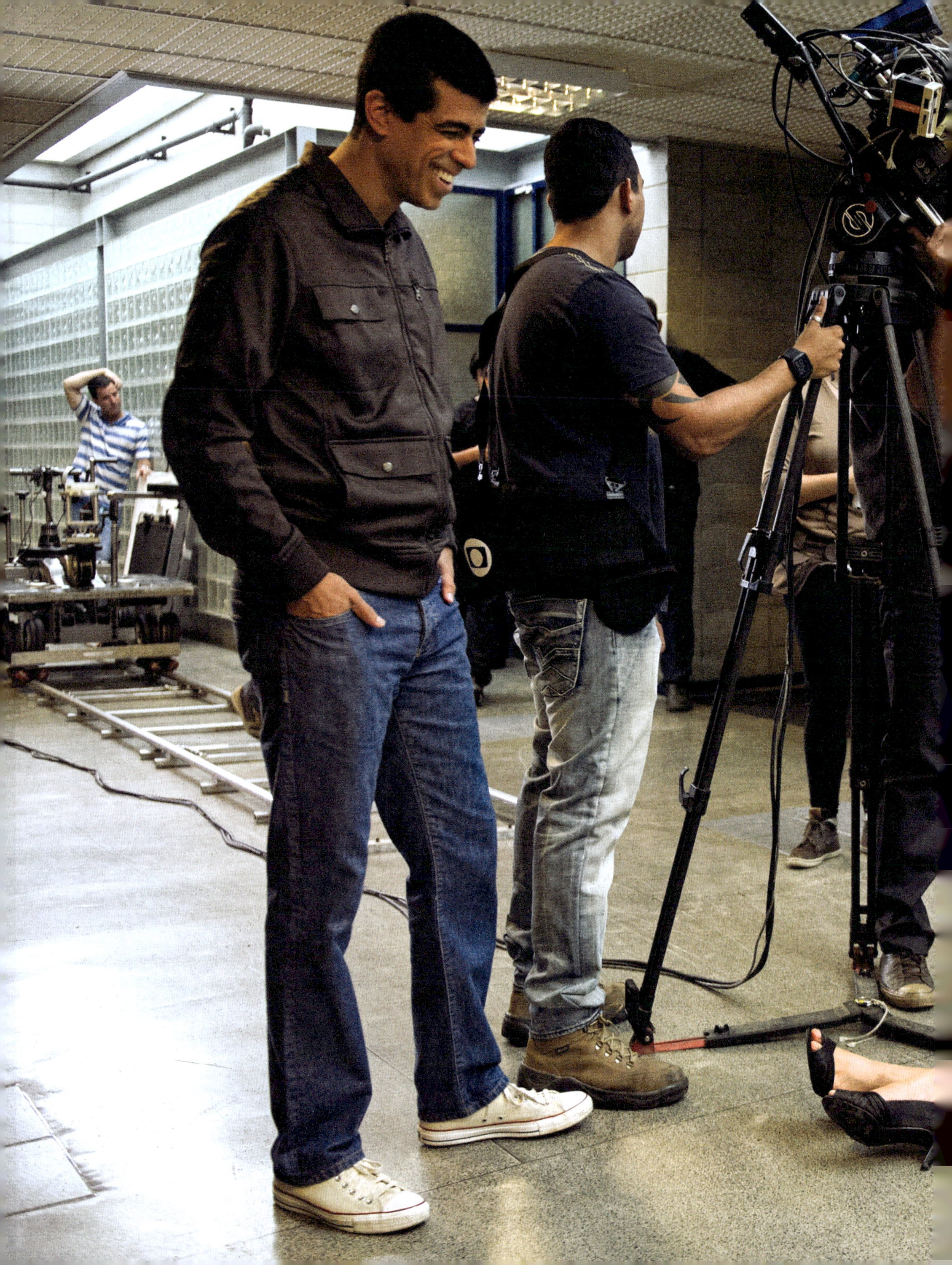

<***
Fátima Bernardes
e Marcius Melhem
durante a gravação
do *Encontrão com
Fátima Bernardes.*

166.

***>
Bruno Gagliasso durante a gravação do comercial "Cereal Killer's", exibido no primeiro episódio da segunda temporada. Na época, o ator fazia o psicopata Edu na série *Dupla Identidade.*

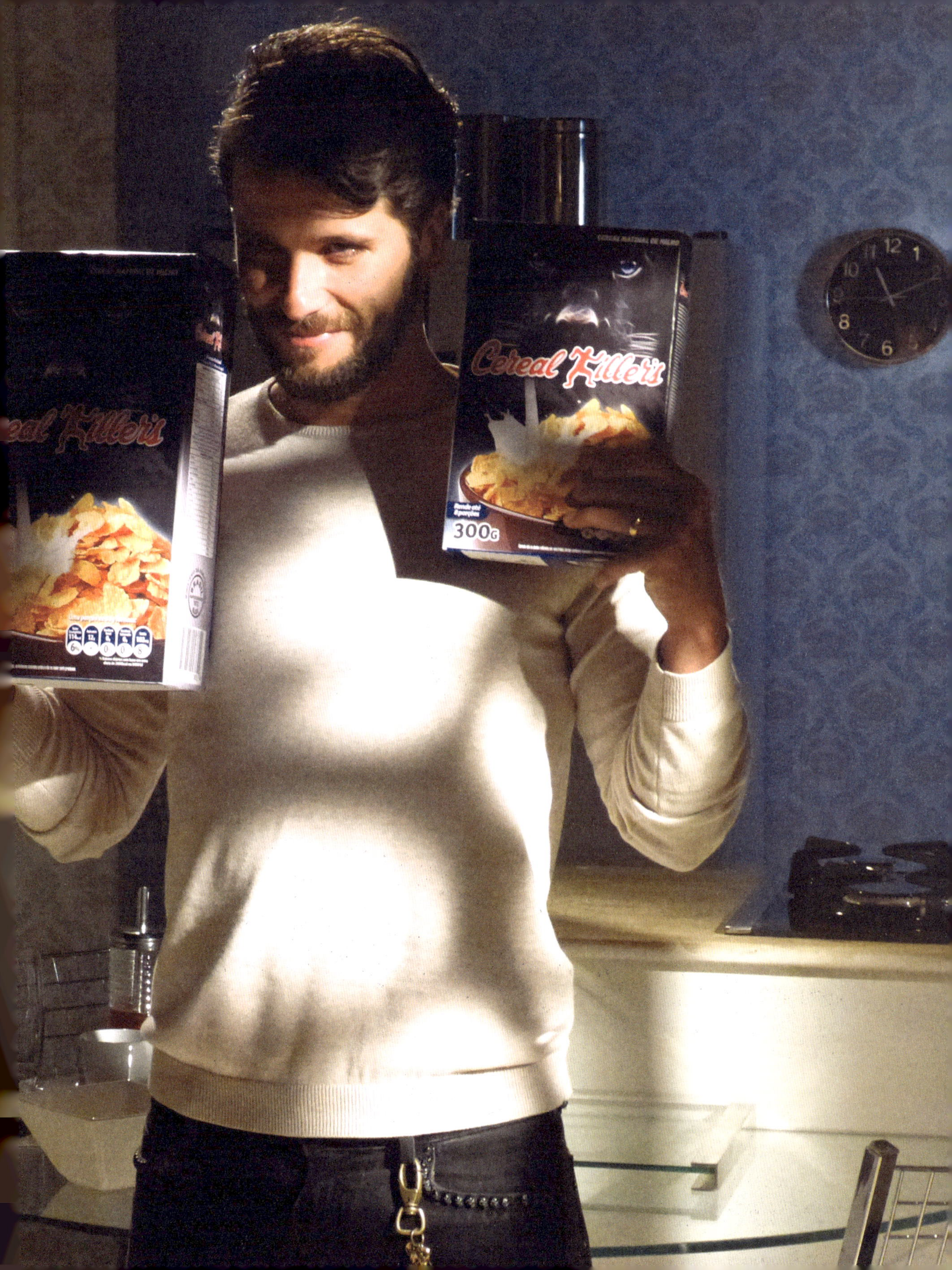
Cereal Killers
300G
eal Killers

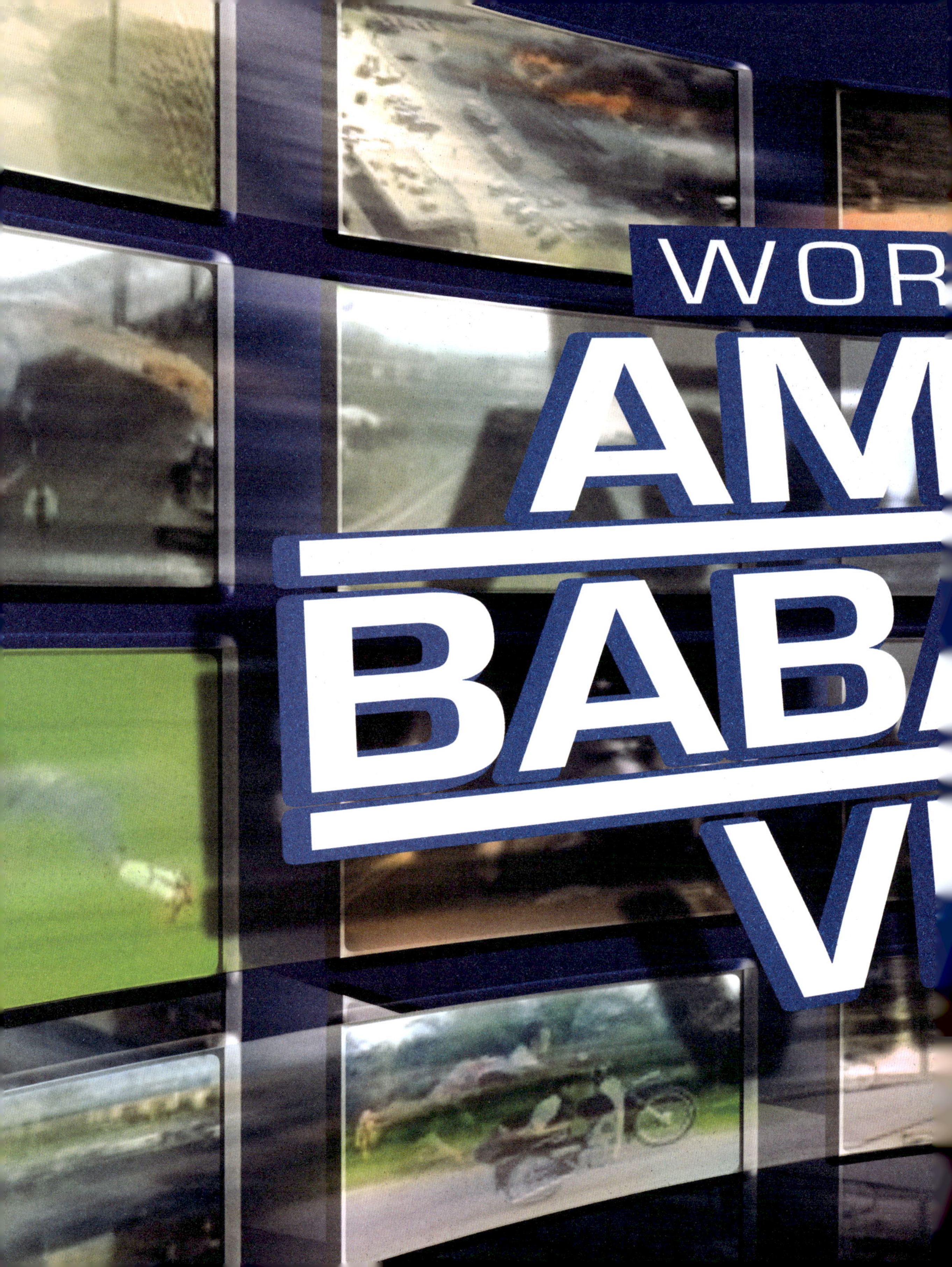
WOR
AM
BAB
V

LD'S MOST AZING AQUIEST DEOS

- MESA REDONDA CIRÚRGICA
- CIGANAS PUGILISTAS
- CAIXOTV
- SEDENTARISMO ESPETACULAR
- sem amigos!
- PREMIERE COVARDE
- ESPORTE PRA ESPECULAR
- PREMIWHERE

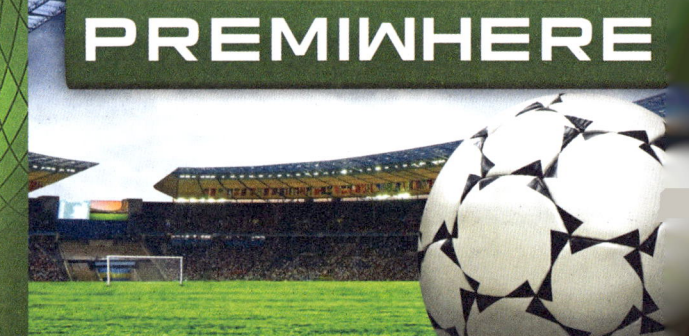

***>
"O Cafezito com Escobar" parodiou o quadro apresentado por Alex Escobar no *Globo Esporte*, em uma versão comandada pelo traficante Pablo Escobar.

✱✱✱
OS POPULARES

Exibido com os créditos de encerramento, os chamados "Populares" trazem para dentro do *Tá no Ar* as vozes dos telespectadores. O elenco incorpora tipos comuns em uma espécie de "povo fala" – quando uma equipe de TV vai às ruas gravar a opinião da população. Assim como no futebol, em que todo mundo é técnico, todo brasileiro é também um pouco crítico de TV. Os autores criam os comentários simulando o que a população diz a respeito do programa, dando aos atores total liberdade para construir os personagens.

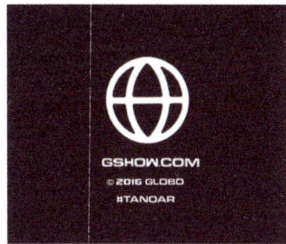

***
A MARCA DA EMISSORA
Talvez você nem tenha percebido (até porque ela é a cereja do bolo) um detalhe em meio a tantos canais. Em alguns episódios, o símbolo da Globo que encerra o *Tá no Ar* foi alterado. Tudo começou no encerramento do clipe "Show da Perestroika". Melhem e Farias estavam na ilha de edição, finalizando os últimos detalhes antes da exibição, quando tiveram a ideia de incorporar a marca da emissora ao contexto do musical. O último take, uma grande explosão, derreteu a logomarca Globo. A partir daí várias interferências foram feitas. A sutil intervenção visual vem carregada de sentido, comprovando que a Globo também sabe rir de si mesma. E no que depender do *Tá no Ar* ela continuará rindo por muitas temporadas.

ATLÉTICO DE MARLI
BAYERN DE MONIQUE
MARLUCIA DORTMUND
BARCEMONA

BRASILEIRÃO
LGBT

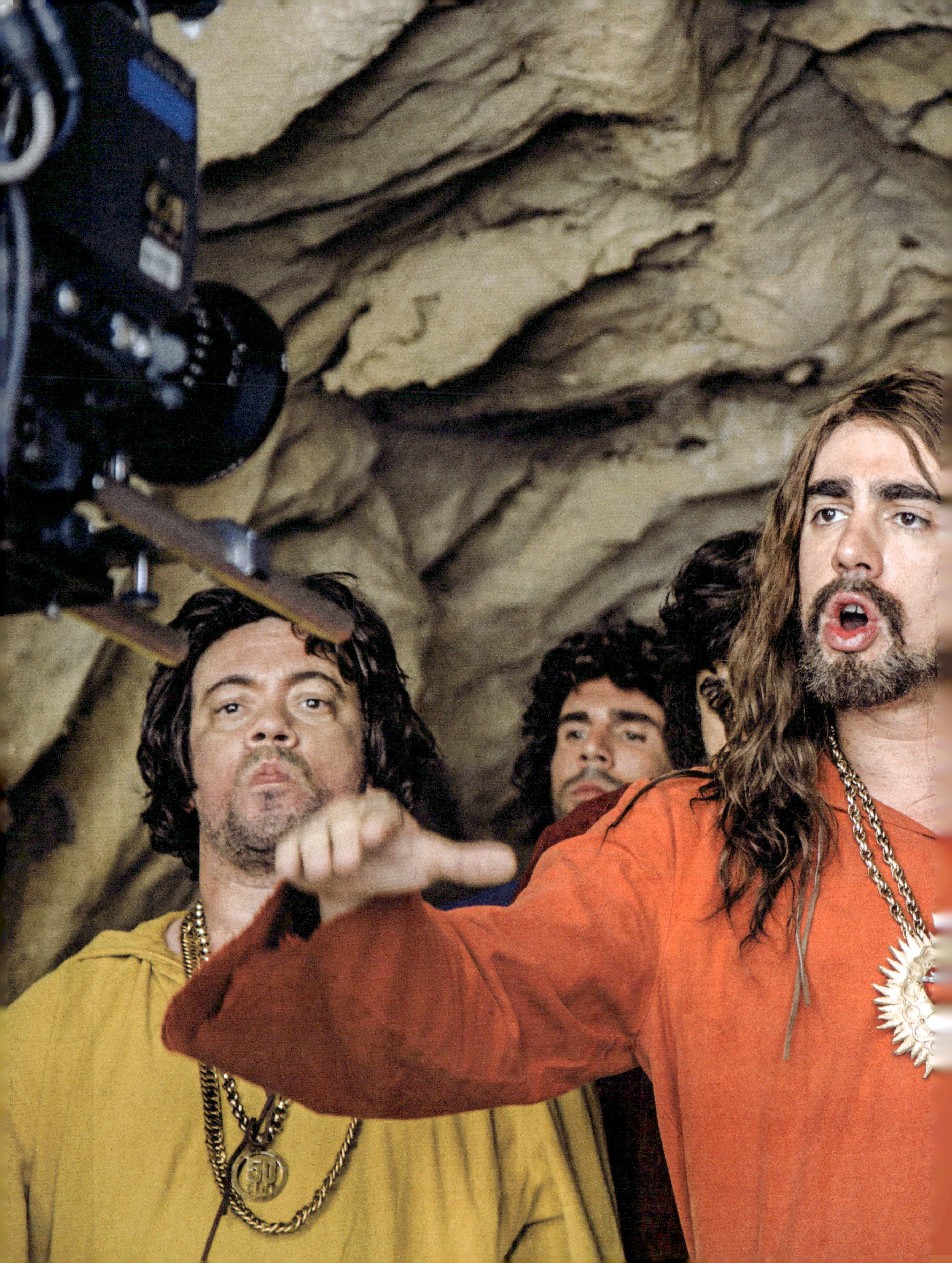

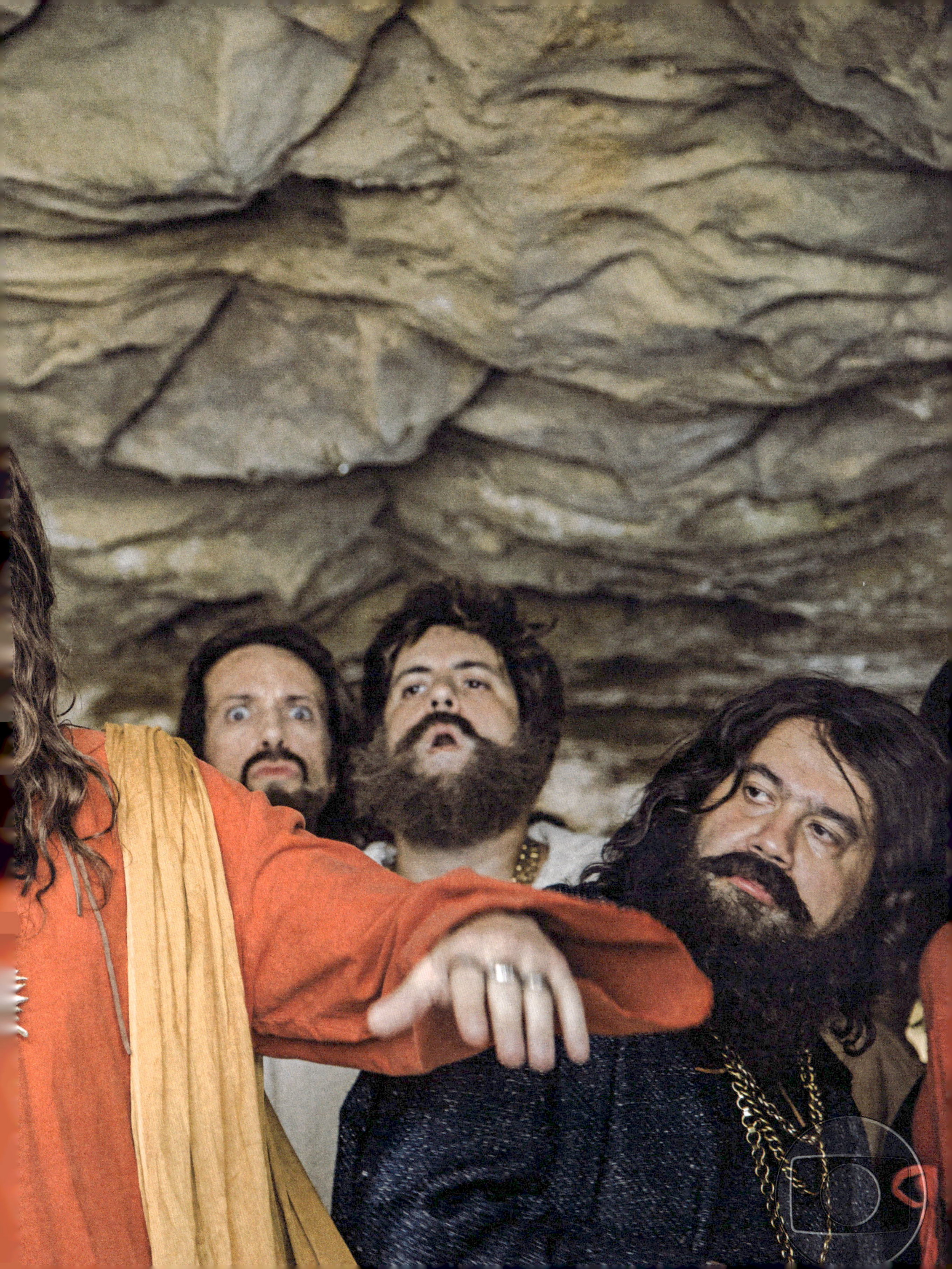

Em quatro temporadas, o *Tá no Ar* trocou de canal mais de mil vezes — exibindo cerca de 230 programas, 180 comerciais, 200 produtos e marcas, 80 participações especiais, 40 musicais de encerramento, 90 cartelas de classificação indicativa, 30 canções da Galinha Preta Pintadinha e 40 canais de áudio.

"O CRIADOR ESTÁ SEMPRE PROCURANDO UM NOVO TERRITÓRIO PARA PERCORRER. O SUCESSO, OU A MANUTENÇÃO DE UMA MANEIRA DE FAZER ALGO, PODE SER PARALISANTE, MORTAL PARA A CRIAÇÃO. BUSCAR NOVOS CAMINHOS FAZ PARTE DO DNA DE QUEM CRIA."

O diretor Mauricio Farias, durante entrevista para o lançamento da segunda temporada do programa.

Galinha Preta Pintadinha

Galinha Preta Convertidinha

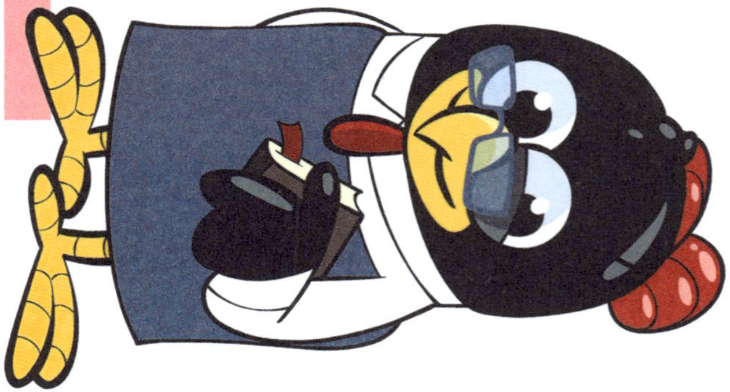

Galinha Preta Pintadinha Krishna

Galinha Preta Pintadinha Gospel

Galinha Preta Pintadinha Freira

Galinha Preta Pintadinha Espírita

Galinha Preta Pintadinha
Judia

Galinha Preta Pintadinha
Hindu

Galinha Preta Pintadinha
Budista

Galinha Preta Pintadinha
Ateísta

Paulo Betti, a feia	PROGRAMA OSTENTA
CROSS DRESSING CHANNEL	DOMINGO PESADO
MARAVILHOSA COMIDA CONGELADA DE CALEX CASTRO	PAPO CHATO

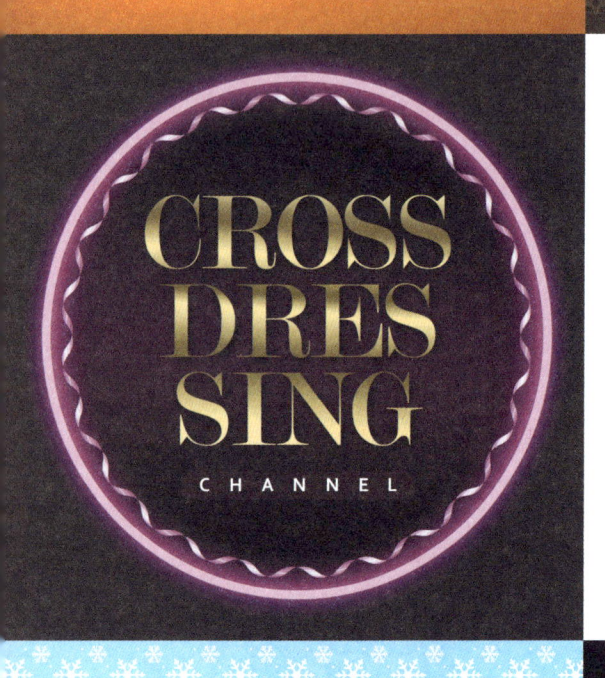

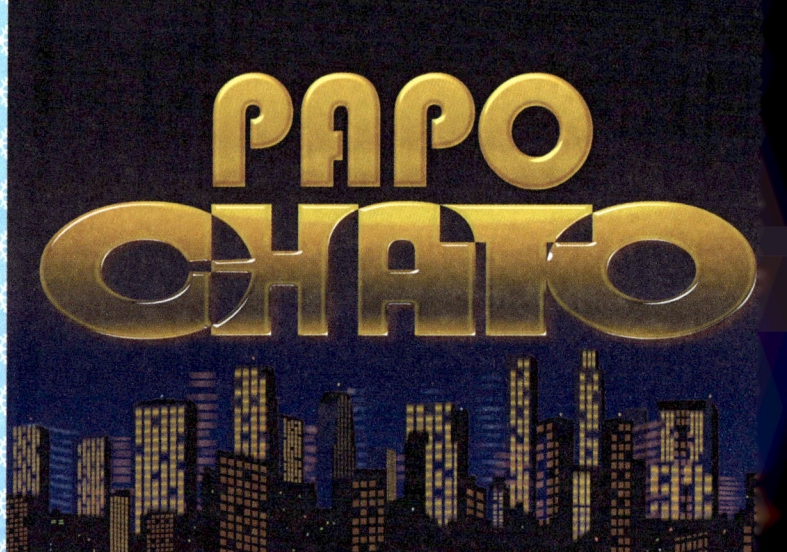

MARATONA
Programas que **não** deram certo

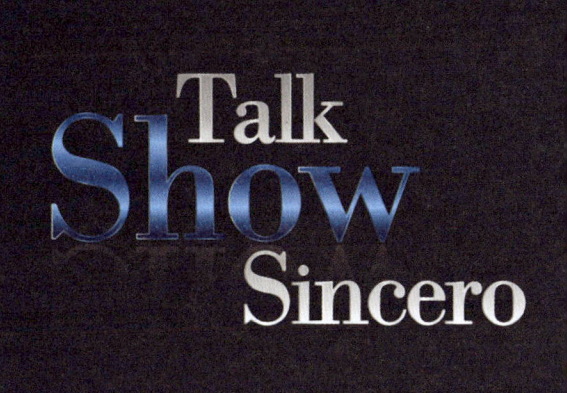

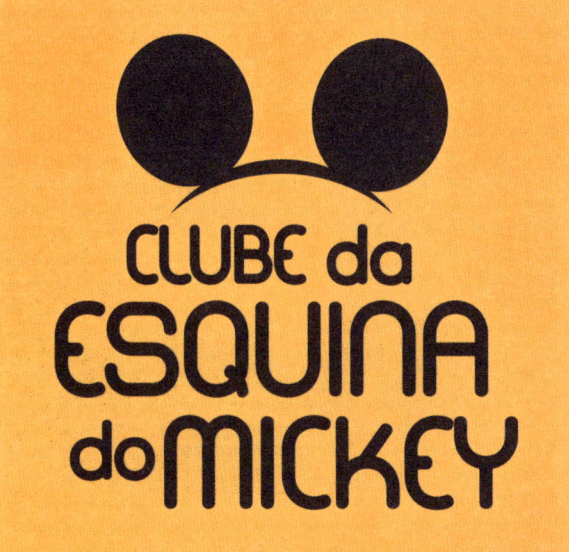

Talk Show Sincero

GOLDEN HÓSTIA AWARDS

IMITADORES de PARENTES

Gloob NEWS

CLUBE da ESQUINA do MICKEY

BB — ESSE PROGRAMA NÃO É INDICADO PARA PESSOAS QUE FAZEM BILU-BILU

CG — O PROGRAMA A SEGUIR É INDICADO PARA QUEM SABE FAZER CAMA DE GATO

M — ESSE PROGRAMA NÃO É INDICADO PARA QUEM É MÍOPE

G — O PROGRAMA A SEGUIR CONTÉM GLÚTEN

A CLASSIFICAÇÃO INDICATIVA DESSE PROGRAMA VOCÊ VAI TER QUE ADIVINHAR PORQUE ESTAMOS BRINCANDO DE MÍMICA

JC

JORNAL DOS CRÉDITOS

COPYRIGHT © 2017 ALEXANDRE PIMENTA, ANGÉLICA LOPES, DANIELA OCAMPO, LEONARDO LANNA, MARCELO ADNET, MARCELO MARTINEZ, MARCIUS MELHEM, MAURICIO FARIAS, MAURÍCIO RIZZO, THIAGO GADELHA, WAGNER PINTO

TODOS OS DIREITOS RESERVADOS E PROTEGIDOS PELA LEI 9.610, DE 19.2.1998.

É PROIBIDA A REPRODUÇÃO TOTAL OU PARCIAL SEM A EXPRESSA ANUÊNCIA DA EDITORA.

TEXTO
ALEXANDRE PIMENTA

DIREÇÃO DE ARTE E DESIGN
MARCELO MARTINEZ | LABORATÓRIO SECRETO

DESIGNER ASSISTENTE
JOÃO FERRAZ

REVISÃO
ANA KRONEMBERGER

PESQUISA
RENATA LACOMBE

LICENCIAMENTO GLOBO
MARCIA LADEIRA
KATIA NASSAR
CARLOS HENRIQUE NASCIMENTO
RAQUEL BRANDÃO

CRÉDITOS DAS IMAGENS
ACERVO TV GLOBO / CGCOM / GSHOW / COMPUTAÇÃO GRAFICA: ALEX CARVALHO (PP 08-09, 23, 26-27, 90-91, 132, 138-139); ESTEVAM AVELLAR (PP 24-25, 29, 39, 156-157, 158-159, 164-165); PAULO BELOTE (PP 06-07, 41A, 82, 108, 176-177); JOÃO COTTA (PP 71, 126, 129); JOÃO MIGUEL JUNIOR (PP 185, 186, 189); INACIO MORAES (PP 16-17, 36, 37, 38, 39, 40, 41B, 163); CAROL CARMINHA (PP 110-111); JOÃO GURGEL (PP 10-11) • ACERVOS PESSOAIS / REDAÇÃO / THIAGO GADELHA: PP 04-05, 45, 52, 53, 58, 65 • STORYBOARDS: RENATO LIMA • ARTES ORIGINAIS E PARÓDIAS DE PRODUTOS E MARCAS: PRODUÇÃO DE ARTE DO PROGRAMA TÁ NO AR.

O NOSSO MUITO OBRIGADO A TODOS OS PROFISSIONAIS QUE, COM TALENTO E EMPENHO, AJUDARAM A CONSTRUIR UM PEDAÇO DA HISTÓRIA DO *TÁ NO AR*.

ADICANOR BORDINI
ADRIANA CANDEIAS
ADRIANE LEMOS MRONINSKI
ALEXANDER M. ELEUTÉRIO
ALEXANDRE MAURO
ALEXANDRE MORETZSOHN
ALEXANDRE PIMENTA
ALEXANDRE PIT RIBEIRO
ALEXANDRE REIGADA
ALEXANDRE ROMANO
ALEXANDRE TAVARES
ALICE DEMIER
ALINE FERREIRA
ALLAN SIEBER
AMANDA FERNANDES CUNHA
AMAURI SOARES
AMÉLIO DUARTE
ANA BUENO
ANA GABRIELA
ANA LUCIA ALVES
ANA LUISA MIRANDA
ANA PAULA PINTO
ANDERSON AZEVEDO
ANDERSON MAXIMINIANO
ANDERSON VARGAS
ANDRÉ ALVES PINTO
ANDRE RICARDO
ANDREA IMPERATORE
ÂNGELA MARIA (SARDINHA)
ANGÉLICA LOPES
ANNA HELENA SAICALI
ANTÔNIO CARLOS LAPORT
ANTONIO ROBERTO CORDEIRO
AUGUSTO MADEIRA
BARREIRA
BEATRIZ PIMENTEL
BENJAMIN HASSAN
BETE PINTO
BIANCA KLEINPAUL
BIBI SEIXAS
BRANCO MELLO
BRUNA ZIMBRÃO
BRUNO COSTA
BRUNO EDUARDO
BRUNO MATHIAS
BRUNO MAZZEO
BRUNO TOLEDO
CADU NASCIMENTO
CAMILA AGUIAR
CAMILA DELAMONICA
CAMILA MACIEL
CAMILA MORAIS
CAREN OLIVIERI
CARLA REIS
CARLA SÁ
CARLOS CARDEAL
CARLOS DOMINGOS
CARLOS EDUARDO DE OLIVEIRA
CARLOS HENRIQUE NASCIMENTO
CARLOS HENRIQUE SCHRODER
CARLOS ROGERS
CAROL PORTES
CAROLINA PIERAZZO
CELINA BERTIN

CESAR BOUÇAS
CESAR ROCHA
CHEILA MARIA DA SILVA
CLARISSA CIARELLI
CLÁUDIA ARIANE
CLAUDIO VINICIUS
CLEBER LOPES DE OLIVEIRA
CLOVIS ALBERTO ANTONIOLI
CONRADO ROEL
CRIS CARNEIRO
CRISTIANE COLAMARCO R. COSTA
CRISTINA SANTOS DA SILVA
CYNTHIA LAMAS
DAISY GUIRADO
DANIEL FELLOWS
DANIEL GUEDES
DANIEL ROSINHA
DANIELA OCAMPO
DANTON MELLO
DEBORA ALONSO
DÉBORA GARCIA
DIEGO ARMANDO BARBOSA
DIEGO CARDOSO
DIEGO CHAVES
DIEGO MONSORES
DIEGO SILVA DE OLIVEIRA
DIOGO TUNES FERNANDES
DJALMA BRILHANTE
DOMINIQUE FELDMAN
DOUGLAS N. DOS SANTOS
EDGAR WACH
EDUARDA FARIA
EDUARDO ANDRADE
EDUARDO DEMARCO
EDUARDO FIGUEIRA
EDVANDRO DE CASTRO LOPES
ELAINE FRANCISCA
ELIS COSTA
ELISA EMMEL
ELISA MACHENS
ELISABETE VIEIRA
ERICK BRÊTAS
ERICK DE PAULA
ERIKA ALMEIDA SILVA
FABIENNE VERBICARO
FÁBIO ROSSO
FABÍOLA GOMEZ
FELIPE DANTAS
FELIPE JOFFILY
FELIPE TEIXEIRA
FERNANDA ALMEIDA
FERNANDA LOUREIRO
FERNANDA TEIXEIRA
FERNANDO ÁTILA
FERNANDO COSTA
FLAVIA ROSAS
FLAVIA YARED
FLAVIO FURTADO
FRANCISCO MESQUITA
FRANCISMARA ARALDI
FRED KLAUS
GABRIEL TOLSTOY
GABRIEL XAVIER FERNANDES
GABRIELA ESTRELA

GABRIELA MORAES
GEORGIANA GÓES
GERALDO SOARES
GERSON PEIXOTO
GISELE LEAL
GIULIA PIANTINO
GUILHERME DUTRA
GUILHERME MESSNER
GUILHERME SOUSA
GUILHERMO REIS
GUSTAVO CHAGAS
GUSTAVO FAE
HEBERT ARAÚJO
HELENA ARAÚJO
HELENA SEVERIANO
HELLEN COUTO
HUGO FREITAS MATTOS
HUGO MATTOS
IAN MURRAY
IGOR CHING SAN
ILTON FRANCISCO CARUSO
INÊS CABRAL
INGRID DOS SANTOS FERRÃO
IRIS SÁ
ISABEL ARTHOU
JACIRA AGUIAR
JACQUELINE MESQUITA DAMIANI
JANAINA AZEVEDO
JEAN DINUCCI
JERONIMO MIRANDA
JOÃO GOMEZ
JOÃO PAULO ALCANTARA
JOÃO RIBEIRO
JOÃO RIZZO
JOCIMAR JUNIOR
JONAS FEITOSA
JORGE GROSS
JULIA GOLDEMBERG
JULIANA MARTINS
KÁRITA BAÍA
KATIA NASSAR
LAÍS FONSECA
LÂNIA MARCIA
LAURA MARTINS
LEONARDO AFONSO JARDIM
LEONARDO FERREIRA
LEONARDO LANNA
LEONARDO OEST
LESSANDRA
LÍVIA CASTRO
LUA GIMENEZ
LUANA MARTAU
LUCAS MOTA
LUCAS PAGANINI
LUCIANE NICOLINO
LUCIMAR SIMÃO
LUCLÉSIO GOMES
LUDMILLA PIMENTEL
LUIS CARLOS CABRITA
LUISA BRANDT
LUIZ DANIEL GUIMARÃES
LUIZ PAULO CABRITA
LUIZ SÉRGIO FREITAS
LUIZ SISINNO

LUIZ TADEU VIEIRA JUNIOR
LUIZA BUCHAUL
LULU SANTOS
MADALENA PRADO
MALHEIROS
MANOELA BARCELLOS
MANUH FONTES
MARA LIGIA MARTINS
MARA PERROUT
MARCELE VIEIRA
MARCELO ADNET
MARCELO CARDOSO
MARCELO MEROLA
MARCELO PAPF
MARCELO SOUZA
MARCIA LADEIRA
MARCIA MOUTINHO
MARCIO LOMIRANDA
MÁRCIO VITO
MARCIUS MELHEM
MARCO CORTEZ
MARCO PAULA
MARCO TULIO ALMEIDA
MARCUS GLORIA
MARCUS VINICIUS SANTOS
MARIA BYINGTON
MARIA CLARA ABREU
MARIANA MAGOGA
MARIANA RAMOS
MARIANA RIZZATO
MARIANA SÁ
MARLENE MOURA
MARVIN FRANCO
MAURICIO FARIAS
MAURÍCIO RIZZO
MAURICIO SEIXAS
MAURO FARIAS
MAYCO SOARES
MIGUEL ALVES BARBOSA
MIRELLA FONTES
MIRIAN PINTO CARVALHO
MOARA ALCANTARA DOS SANTOS
MOISES MARCOS DA SILVA
MONICA ALBUQUERQUE
NATALIA CAMPESTRINI
NATAN SILVA
OLALLA PINHEIRO
OLIVEIRA
ORLANDO MARTINS
MARIANA MAGOGA
PABLO LOPES
PABLO MACHADO
PATRICIA MARINHO
PATRICIA SERAPHICO
PAULA LORDELLO
PAULA ROBERTA
PAULA SANTA ROSA
PAULO MIKLOS
PAULO ROBERTO MIRANDA
PAULO ROBERTO MOURA
PAULO VIOLETA
PEDRO LACERDA
POLIKA TEIXEIRA

PRISCILA MATARUNA
PRISCILA VIEIRA
RAFAEL OLIVEIRA
RAFAELA PIRES DA FONSECA
RAMON VIDAL
RAPHAEL CAVACO
RAQUEL BRANDÃO
RAQUEL MENDES
REBECA COBUCCI
REGINA RAPOSO VASCONCELO
RENATA DOFINY
RENATA GASPAR
RENATA FERNANDES
RENATO FREITAS
RICARDO DANTAS
RICARDO GAGLIANONE
RITA DE CÁSSIA
RITA ERTHAL
ROBERTA MILIONE
ROBERTO MELO
ROBERTO STEIN
RODRIGO COSTA PEREIRA
RODRIGO DANIEL
RODRIGO DAU
RODRIGO PENALVA
RODRIGO SIERVI
ROGÉRIO MOURA
ROSA MAGALHÃES
SAMIA MAZZUCCO
SERGIO BRANDÃO
SERGIO BRITO
SÉRGIO LOPES
SERGIO OMANQUIM
SERGIO VALENTE
SIMONE BATATA
SUZANA PRISTA
TACIMA MARIANA
TAMARA ZELAZO
TANIA JANSEN
TASSIA VIEIRA
TATHIANE CRISTINA DE OLIVE
TATIANA ALVES
TATIANA POGGI
TEREZA PINHO
THAINA LEONI
THIAGO GADELHA
THIAGO ORLANDO
TITO CAMPOS
TONY BELLOTTO
UIBIRA AMARO
VALDEMIR CAMPOS MACHAD
VERONICA DEBOM
VERÔNICA SANTIAGO
VICENTE BARCELLOS
VISORAMA
WAGNER PINTO
WELDER RODRIGUES
WELLINGTON DA SILVA COEL
WILLIAM CARNEIRO
WILLIAM COSTA
WILLIAN CARVALHO
WILLY REUTER
WILSON TEIXEIRA

ESTÁ UÓ

Veja o trailer do filme *Está Uó*, que foi ao ar no sétimo episódio da terceira temporada.

Jequitibá
Cassetetes de Madeira

DADOS INTERNACIONAIS DE CATALOGAÇÃO NA PUBLICAÇÃO (CIP)
ANGÉLICA ILACQUA CRB-8/7057

TÁ NO AR, NO LIVRO / ORGANIZAÇÃO DE ALEXANDRE PIMENTA E MARCELO MARTINEZ. — RIO DE JANEIRO: LEYA, 2017.
192 P. : IL. COLOR.

ISBN 978-85-441-0502-3

1. TÁ NO AR (PROGRAMAS DE TELEVISÃO). 2. ADNET, MARCELO, 1981-. 2. MELHEM, MARCIUS,1972-. 3. FARIAS, MAURICIO, 1960-. I. TÍTULO.

16-1515   CDD 791.4572

ÍNDICES PARA CATÁLOGO SISTEMÁTICO:
1. PROGRAMAS DE TELEVISÃO

TODOS OS DIREITOS RESERVADOS À
EDITORA CASA DA PALAVRA
AV. CALÓGERAS, 6 | SALA 701
20030-070 – RIO DE JANEIRO – RJ
WWW.LEYA.COM.BR

ESTE LIVRO FOI COMPOSTO NAS FAMÍLIAS TIPOGRÁFICAS ROONEY E GOTHAM ROUNDED, E IMPRESSO EM PAPEL OFFSET 90G/M² PELA RR DONNELLEY EM JANEIRO DE 2017. NENHUMA FOCA FOI ARREMESSADA DURANTE O PROCESSO DE CRIAÇÃO DESTE LIVRO.

QUER VER MAIS VÍDEOS DO *TÁ NO AR*?
ACESSE GLOBOPLAY.COM
OU BAIXE O APLICATIVO.

TÁ NO AR
A TV NA TV

LICENCIAMENTO GLOBO